Spargel, Erdbeeren & Rhabarber

EDITION XXL

Vorwort

Endlich ist es wieder so weit: Der erste Spargel ist da, die ersten Rhabarberstangen können geerntet und die ersten sonnengereiften Erdbeeren gepflückt werden. Obst und Gemüse der Saison sind eine wahre Freude für den Gaumen. Deshalb habe ich in diesem Buch die drei Boten des Frühlings für Sie vereint.

Jedes Jahr warten wir sehnsüchtig auf die knackig-frischen Spargelstangen. Mit neuen Kartoffeln, zerlassener Butter oder der berühmten Sauce hollandaise ist das feine Gemüse seit jeher ein fester Bestandteil der Sonntagsküche im Frühjahr. Doch heute geht der Genuss darüber hinaus: Ob grün oder weiß, als Hauptzutat vegetarischer Gerichte oder raffiniert kombiniert mit leckeren Beilagen und aromatischen Gewürzen – Spargel schmeckt auch fernab der klassischen Zubereitung einfach unvergleichlich gut!

Ein weiterer kulinarischer Einstieg in den Frühling sind die knackigen, fruchtig-säuerlichen Rhabarberstangen, die ab April auf dem Markt sind. Sie erfreuen sich zunehmender Beliebtheit und werden vorwiegend zu köstlichem Kompott und leckerem Kuchen, aber auch zu pikanten Gerichten verarbeitet.

Die Dritte im Bunde dieses geschmacklichen Dreiklangs ist die Erdbeere: Sie ist schon pur oder mit Eis und Sahne ein wahrer Genuss! Dass sie auch als Zutat für exklusive Kuchen und Desserts oder in Kombination mit anderen

Früchten der Saison einiges hermacht, zeige ich Ihnen anhand von ausgefallenen Rezepten.

Ich wünsche Ihnen viel Spaß beim kulinarischen Genuss des Frühlings.

Ihre

Elisabeth Bangert

Inhalt

Ratgeber Spargel

Geschichte und Herkunft:

Wissenschaftler vermuten den Ursprung der köstlichen Gemüsestangen in Vorderasien. In Ägypten wurde Spargel bereits vor rund 5000 Jahren verzehrt. Auch die Griechen und Römer begeisterten sich für die Spargelpflanze: Bei den Griechen galt sie als Heil- und Zaubermittel. Die Römer kultivierten die Pflanze und bauten den Spargel in Gärten an. Heute wird er rund um den Erdball in Gebieten mit gemäßigtem bis warmem Klima angebaut.

Vor dreihundert Jahren war nur der grüne Spargel bekannt. Erst vor etwa hundert Jahren begann man, weißen Spargel in Erdwällen zu ziehen. Neben dem weißen Spargel erfreuen sich auch die grüne und die violette Variante wachsender Beliebtheit, wobei der weiße Spargel nach wie vor die Lieblingssorte in der deutschen Küche ist.

Sorten und Arten:

Man unterscheidet zwischen Bleichspargel- und Grünspargelsorten. Der Verbraucher orientiert sich allerdings weniger an den Sorten, sondern eher an der Farbe und Frische.

1. Weißer Spargel
- milder im Geschmack als grüner Spargel
- wird gestochen, bevor er mit Sonnenlicht in Berührung kommt

2. Violetter Spargel
- wird erst gestochen, wenn der Kopf aus der Erde kommt
- ausdrucksvoller Geschmack

3. Grüner Spargel
- erinnert im Geschmack ein wenig an junge Erbsen
- ist meistens preiswerter und hat mehr Vitamine als weißer Spargel
- wird auf flachen Feldern gezogen und ist deshalb leichter zu ernten als weißer Spargel

4. Purpurspargel
- würziger Geschmack
- wächst oberirdisch
- eine besondere Form des Grünspargels mit einem höheren Zuckeranteil als andere Sorten
- bei uns selten erhältlich

5. Wildspargel
- stammt aus dem Mittelmeerraum und schmeckt etwas herber und würziger als grüner Spargel
- die Stangen sind dünn und die Köpfe fast traubenförmig

Der Anbau und die Ernte:

Die Spargelsaison beginnt je nach Witterung ab Mitte April und geht am 24. Juni mit dem Johannistag zu Ende.

Damit die leckeren Stangen knackig frisch auf unserem Esstisch landen, wird bei den meisten Spargelbauern zweimal täglich geerntet: am frühen Morgen und am späten Nachmittag, denn bei optimaler feuchtwarmer Witterung wachsen die leckeren Stangen am Tag bis zu 7 cm.

Alle Spargelsorten müssen auch heute noch in Handarbeit einzeln geerntet werden. Das geübte Auge der Erntehelfer erkennt an den Rissen der Erdwall-Oberflächen den austreibenden Spargel, der dann zunächst mit den Fingern herausgegraben wird. Mit einem speziellen länglichen Spargelstechmesser werden die Stangen dann über dem Wurzelstock abgeschnitten. Dies muss zügig geschehen, bevor das Tageslicht das edle Gemüse verfärbt. Der „gestochene" Spargel wird in Körbe gelegt und durch Abdecken vor dem Austrocknen geschützt.

Grüner Spargel wird ohne Spargeldämme angebaut und geerntet, wenn er eine Länge von etwa 20 cm erreicht hat. Er gedeiht auch auf schwerer durchlässigen Böden in warmem Klima. Auf Temperaturschwankungen reagiert er empfindlich, bei kalter Witterung kann sich die Grünfärbung verzögern. Die Stangen sind etwas dünner als beim weißen Spargel, aber sehr aromatisch und herzhafter im Geschmack.

Spargel in der Küche:

Aufbewahrung: Ungeschälter weißer Spargel hält sich ca. zwei bis drei Tage frisch, wohingegen geschälter Spargel nach einem Tag bereits verzehrt werden sollte. Voraussetzung für diese Haltbarkeit ist, dass er in ein feuchtes Küchentuch gewickelt und im Gemüsefach des Kühlschranks gelagert wird. Grünspargel stellt man bis zur Zubereitung aufrecht ins Wasser. Der Spargel darf keinesfalls Frost bekommen, da sonst Kälteschäden entstehen!

Vorbereitung: Um zu vermeiden, dass Spargel holzig schmeckt, sollte man weißen Spargel stets gut schälen und die holzigen Stangenenden großzügig abschneiden. Von Wildspargel und grünem Spargel nur das untere Drittel schälen und die holzigen Enden abschneiden.

Vorrat: Spargel lässt sich prima einfrieren! Dafür den geschälten Spargel kurz blanchieren:

Für 500 g Spargel 2 l Wasser unter Zusatz von etwas Zitronensaft zum Kochen bringen. Den Spargel hineingeben und drei Minuten (grünen Spargel nur 1 ½ Minuten) blanchieren. Aus dem Wasser nehmen und in einer Schüssel mit Eiswasser schnell abkühlen lassen.

Nun die Spargelstangen trocken tupfen und auf einem Küchenbrett in den Gefrierschrank legen. Nach dem Gefrieren den Spargel portionsweise verpacken und im Gefrierschrank lagern.

Bei Bedarf die gefrorenen Stangen einfach unaufgetaut in das kochende Wasser geben und wie gewohnt zubereiten. Roh kann man Spargel bis zu drei Monate einfrieren. Durch das Blanchieren bleibt er bis zu zehn Monate schmackhaft.

Spargelstücke müssen nicht vorgefroren werden. Sie kommen direkt mit etwas Spargelwasser in die Verpackung und dann in den Gefrierschrank.

Einkaufen:

Beim Kauf von Spargel kann man die Frische am besten an den Schnittstellen erkennen: Diese sollten glatt, hell und möglichst saftig aussehen. Frischer weißer Spargel „quietscht", wenn man die Stangen aneinander reibt.

Die Handelsklassen: Spargel wird in verschiedene Handelsklassen eingeteilt. Sie stellen die Qualität sicher und erleichtern den Einkauf: Klasse Extra,

Klasse I, Klasse II und Klasse III eignen sich zum Verzehr als Gemüse und unterscheiden sich lediglich in Durchmesser, Form und Färbung. Je niedriger die Handelsklasse ist, desto mehr sollten Sie beim Schälen wegschneiden.

Bruchspargel eignet sich für Suppen oder als Fond. Er ist meist sehr günstig. Spargel, den Sie direkt vom Erzeuger erwerben, muss nicht nach Handelsklassen eingestuft sein.

Die traditionelle Zubereitung von Spargel:

Faustregel: Pro Mund ein Pfund!

Für 4 Personen:
2 kg Spargel, 1 Prise Salz, 1–2 TL Zucker, 1 EL Butter, 2 EL Zitronensaft (nur bei weißem Spargel!)

1. Die Spargelstangen waschen, einzeln auf die flache Hand legen und mit dem Spargelschäler unterhalb des Kopfes beginnend bis zum Ende schälen.

2. Nun die Spargelstange in die Hand nehmen, mit einem scharfen Messer das Ende abschneiden und zum Spargelkopf hin wegziehen, sodass die restlichen Fäden entfernt werden. Die Schnittstelle muss weich sein, damit der Spargel nicht holzig ist.

Die Spargelschalen und die abgeschnittenen Enden nie wegwerfen, sondern daraus eine Brühe für Suppen oder Soßen kochen.

3. Den geschälten Spargel in den Siebeinsatz des Spargeltopfes stellen. Den Topf etwa zu ²/₃ mit Wasser füllen und aufkochen. Salz, Zucker und Butter hineingeben. Spargel kann ab und zu Bitterstoffe enthalten. Deshalb wird dem Kochwasser ein wenig Zucker hinzugefügt, um diesen Geschmack etwas zu neutralisieren. Den Siebeinsatz mit den Spargeln einsetzen.

Die Garzeit richtet sich nach der Dicke der Stangen! Der Mittelwert liegt bei 10 bis 15 Minuten. Grüne Spargelstangen sind meist dünner und benötigen dementsprechend auch weniger Garzeit. Sie liegt bei etwa 8 bis 12 Minuten.

Zitronensaft im Kochwasser sorgt für die strahlend weiße Farbe der zarten Stangen. Beim weißen Spargel ist dieser Effekt gewollt, beim grünen sollte jedoch auf den Saft verzichtet werden, da hier ein „Bleicheffekt" eher unerwünscht ist.

Spargel sollte noch etwas „Biss" haben. Zu lange gekochter Spargel wird wässrig und geschmacklos. Übrigens: Der typische Spargelgeschmack ist beim Rohverzehr kaum vorhanden: Das leckere Aroma entwickelt sich erst durch Wärmeeinwirkung.

Die Spargel-Brühe:

1. Die Schalen und abgeschnittenen Enden der Spargelstangen waschen und abtropfen lassen.

2. Den „Spargelabfall" zusammen mit etwas Margarine in einen Topf mit Wasser geben, alles aufkochen und zehn Minuten bei geringer Hitze köcheln lassen. Achtung: Bei zu langer Kochzeit kann die Brühe bitter werden!

3. Dann alles durch ein Sieb in eine Schüssel abgießen und die Schalen gut auspressen, um möglichst viele Inhaltsstoffe, die direkt unter der Schale sind, und viel Geschmack zu erhalten. Nun haben Sie die Basis für aromatische Soßen oder sahnige Suppen!

Die Topfwahl

Wer keinen Spargeltopf hat, kann natürlich auch einen ganz normalen Topf nehmen. Hier ist ein breiter Topf mit einem Durchmesser von ca. 24 cm geeignet, weil der Spargel liegend gekocht werden kann und nicht bricht.

So wird's ganz und „gar" lecker …

Schön zart wird der Spargel nicht nur mit einem kochenden Wasserbad im Kochtopf. Das edle Gemüse lässt sich zum Beispiel auch im Bratschlauch oder mit Alufolie in einer Fettpfanne besonders schonend garen.

Alufolie

Der silberne Küchenklassiker von der Rolle hält nicht nur Speisen frisch, er eignet sich auch gut zum schonenden Dünsten von Fleisch, Fisch oder Gemüse. Dabei bleiben – durch das Einwickeln in bzw. das Abdecken mit Alufolie – das Aroma und die Nährstoffe sehr gut erhalten. Neuartigen Brat-Alufolien gelingt es sogar, die Bratzeit um bis zu 30 % zu verkürzen.

Probieren Sie es also einfach mal aus:
1. Den Backofen auf 200 °C vorheizen.

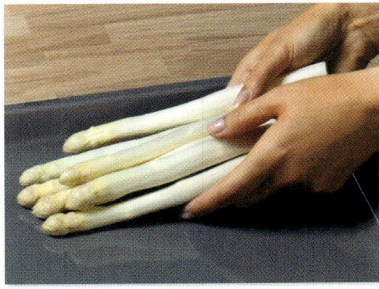

2. Den Spargel waschen, schälen, holzige Enden abschneiden und in Fettpfanne oder Auflaufform gleichmäßig verteilen. Etwas Salz und Zucker in Wasser auflösen und über den Spargel gießen. Butterstückchen darauf verteilen.

3. Fettpfanne bzw. Auflaufform mit Alufolie verschließen und je nach Dicke der Stangen 30–40 Minuten im Backofen garen.

Bratschlauch

Nicht nur frisches Fleisch, Geflügel und Fisch, sondern auch knackiges Gemüse lässt sich im Bratschlauch schnell und recht einfach garen. Aroma, Nährstoffe und Vitamine bleiben bei diesem schonenden Garverfahren weitestgehend erhalten, während Sie sich die Zugaben von Fett oder Öl praktisch völlig sparen können.

So einfach gart man Spargel im Bratschlauch:
1. Bratschlauch zuschneiden (ca. 20 cm länger als die Spargelstangen) und auf einer Seite verschließen.

2. Nun geben Sie den Spargel mit etwas Spargelbrühe in den Schlauch.

3. Verschließen Sie den Bratschlauch nun auch auf der anderen Seite und legen Sie ihn mit nach oben gerichteter Schweißnaht auf das Backblech.

4. Damit der Dampf entweichen kann, schneiden Sie den Bratschlauch einmal ca. 1 cm auf der Schweißnaht ein, bevor Sie ihn in den Backofen (unterste Schiene) schieben.

5. Nun heizen Sie den Ofen auf 180–200 °C an. Wichtig: Die Folie darf nicht die Innenseiten des Backofens berühren!

6. Am Ende der Garzeit ziehen Sie das Backblech aus dem Ofen und schneiden den aufgeblähten Bratschlauch vorsichtig auf.

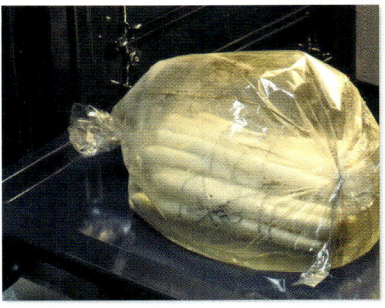

Sauce hollandaise

Zutaten für 4 Personen:
150 g Butter
2 frische Eigelbe
50 ml Weißwein
ein Schuss Zitronensaft
1 Prise Salz, Pfeffer

1. Die Butter bei geringer Hitze in einem kleinen Topf zum Schmelzen bringen.

2. Etwas Wasser in einem Topf sprudelnd kochen lassen.

3. Eigelbe und Weißwein in einer Metallschüssel mit einem Schneebesen gut verrühren. Die Schüssel über das Wasserbad stellen und in ca. drei Minuten zu einer cremigen, luftigen Masse schlagen. Achtung: Die Masse darf durch den Dampf nicht zu heiß werden, da das Ei sonst gerinnt!

4. Die flüssige Butter unter ständigem Rühren nach und nach hinzufügen.

5. Wenn die gewünschte Konsistenz erreicht ist, mit Zitronensaft, Salz und Pfeffer abschmecken.

6. Die lauwarme Soße sofort servieren!

Klassische Spargelsuppe

Zutaten *für 4 Personen:*

500 g weißer Spargel
1–2 EL Zitronensaft
2 EL Gemüsebouillon
50 g Margarine oder Butter
Zucker
1 EL Mehl
150 ml süße Sahne
gemahlene Muskatnuss
1 EL Schnittlauchröllchen
Salz, weißer Pfeffer

Zubereitung:

1. Den Spargel waschen, schälen, die holzigen Enden abschneiden und die Stangen in 1 cm große Stücke schneiden. In einem Topf 1 Liter Wasser, 1 Prise Salz und 1 Esslöffel Zitronensaft erhitzen und den Spargel 20 Minuten kochen.

2. Den Spargelsud durch ein Sieb in eine Schüssel abgießen. Die Bouillon hinzufügen und unterrühren. In einem Topf die Margarine zerlassen, den Spargel hinzufügen und ca. 4 Minuten dünsten. Mit Salz und Zucker würzen, mit Mehl bestäuben und 1 Minute dünsten.

3. Den Spargel-Bouillon-Sud unter Rühren dazugießen und aufkochen lassen. Anschließend 20 Minuten bei mittlerer bis schwacher Hitze kochen lassen und zwischendurch umrühren.

4. Die Sahne dazugießen und die Suppe pürieren. Die Spargelcremesuppe zum Schluss mit Salz, Pfeffer, Muskat und Zitronensaft abschmecken und mit Schnittlauchröllchen bestreut servieren.

Spargelsuppe Rügener Art

Zubereitung:

1. Den Spargel waschen, den weißen Spargel ganz, bei dem grünen Spargel nur das untere Drittel schälen und die holzigen Enden abschneiden. Die Stangen in mundgerechte Stücke schneiden.

2. Einen Esslöffel Butter erhitzen, die grünen Spargelstücke hinzufügen, andünsten und herausnehmen. Die weißen Spargelstücke in das verbliebene Bratfett geben und andünsten.

3. Die Brühe angießen, aufkochen und die Spargelstücke darin je nach Dicke 10 bis 12 Minuten garen. Herausnehmen, gut abtropfen lassen und die Brühe auffangen.

4. Die restliche Butter erhitzen. Das Mehl hineinsieben und sofort mit einem Schneebesen verrühren. Nach und nach Spargelbrühe, Weißwein und Sahne angießen. Aufkochen und die Suppe mit dem Kräuteröl, Salz, Pfeffer und Muskat abschmecken.

5. Die Forellenfilets in Stücke schneiden und mit den Spargelstücken zur Suppe geben. Kurz miterhitzen und die Suppe in Tellern oder Tassen servieren. Dazu schmeckt frisches Bauernbrot.

Zutaten *für 4 Personen:*

200 g weißer Spargel	200 ml süße Sahne
100 g grüner Spargel	1 TL Kräuteröl
3 EL Butter	½ TL Salz
750 ml Gemüsebrühe	1 Msp. gemahlener weißer Pfeffer
2 EL Mehl	1 Msp. gemahlene Muskatnuss
100 ml Weißwein	100 g geräucherte Forellenfilets

Schinken-Spargel-Salat

Zutaten *für 4 Personen:*

je 500 g weißer und grüner Spargel
1 Prise Salz
1–2 TL Zucker
1 EL Butter
250 g Kirschtomaten
½ Bund Frühlingszwiebeln
300 g gemischte Blattsalate
200 g geräucherter Schinken

Für die Vinaigrette:

2–3 EL heller Balsamico
2 TL Senf
2 TL Honig
100 ml Gemüsebrühe
2 EL Schnittlauchröllchen
2 EL Olivenöl
Salz, Pfeffer

Zubereitung:

1. Den Spargel waschen, den weißen Spargel ganz, bei dem grünen Spargel nur das untere Drittel schälen und die holzigen Enden abschneiden. Die Stangen in mundgerechte Stücke schneiden. Wasser mit Salz, Zucker und Butter aufkochen und die Spargelstücke darin je nach Dicke 10 bis 12 Minuten garen. Herausnehmen und gut abtropfen lassen.

2. Die Kirschtomaten waschen und halbieren. Die Frühlingszwiebeln putzen, waschen und in Ringe schneiden. Die Blattsalate putzen, waschen und in mundgerechte Stücke schneiden. Den Essig mit dem Senf, dem Honig, der Gemüsebrühe und den Schnittlauchröllchen verrühren und mit Salz sowie Pfeffer würzen. Anschließend das Olivenöl unterrühren.

3. Die Salatblätter auf vier großen Tellern anrichten. Die Spargelstücke, die Kirschtomaten und die Frühlingszwiebelringe darauf verteilen. Mit der Vinaigrette beträufeln und mit Schinken-Rosetten belegen. Mit geröstetem Baguette servieren.

Spargel-Schinken-Röllchen

Zutaten *für 4 Personen:*
16 Stangen grüner Spargel
8 Scheiben Parmaschinken
50 ml Olivenöl
60 g geriebener Parmesan
2 EL heller Balsamico
Salz, Pfeffer

Zubereitung:

1. Den Backofen auf 200°C vor-heizen.

2. Den Spargel waschen, im unteren Drittel schälen und die holzigen Enden abschneiden. Die Spargel-stangen in reichlich kochendem Salzwasser ca. 4 Minuten kochen. Herausnehmen und gut abtropfen lassen.

3. Jeweils 2 Spargelstangen mit einer Scheibe Schinken umwickeln, in eine flache Auflaufform legen und mit Pfeffer würzen.

4. Das Olivenöl über den Spargel-röllchen verteilen. Mit Parmesan bestreuen und im vorgeheizten Backofen 8 bis 10 Minuten backen.

5. Mit dem hellen Balsamico be-träufeln und nach Belieben mit Baguette servieren.

Gebackener *Spargel* mit Blattsalat

Zutaten *für 4 Personen:*

Für den Spargel:

1 kg weißer Spargel
150 ml Gemüsebrühe
60 g Buchweizenmehl
50 g Weizenmehl
40 g blütenzarte Haferflocken
1 TL Kurkuma

1 TL geriebener Ingwer
½ TL Salz
1 Eigelb
125 g kernige Haferflocken
1 EL Pflanzenöl

Für den Salat:

250 g gemischter Blattsalat
4 Tomaten
4 EL Balsamico
1 Prise Zucker
3 EL Pflanzenöl
Salz, Pfeffer

Zubereitung:

1. Den Spargel waschen, schälen und die holzigen Enden abschneiden. Ca. 5 Minuten in der Gemüsebrühe blanchieren, herausnehmen und gut abtropfen lassen.

2. Die Mehlsorten mit den Haferflocken, 250 ml Wasser und den Gewürzen gut verrühren. Das Eigelb unterrühren, die Spargelstangen hineintauchen und danach in den kernigen Haferflocken wenden. Das Öl in einer Pfanne erhitzen und den Spargel darin von allen Seiten goldgelb braten.

3. Den Salat putzen, waschen und in mundgerechte Stücke zupfen. Die Tomaten waschen, vierteln, vom Stielansatz befreien und grob würfeln.

4. Den Essig mit Salz, Pfeffer, Zucker und zum Schluss mit dem Öl verrühren. Den Salat und die Tomatenwürfel in einer Schüssel mit der Salatsoße übergießen und vorsichtig vermischen. Den Salat und die Spargelstangen auf Tellern anrichten und nach Belieben mit essbaren Blüten bestreut servieren.

Spargelbrot mit Schinken

Zutaten *für 2 Personen*:

20 g weiche Butter
1 EL geröstete, gehackte Haselnüsse
2 Scheiben Kastenweißbrot
6 Stangen grüner Spargel
1–2 TL Zucker, 1 TL Butter
2 Scheiben Parmaschinken
1 EL Parmesanraspel
Salz

Zubereitung:

1. Die Butter mit den Nüssen verrühren und auf die Brote streichen.

2. Den Spargel waschen, das untere Drittel schälen und die holzigen Enden abschneiden. Die Stangen schräg vierteln. Wasser mit Salz, Zucker und Butter aufkochen und die Spargelstücke darin je nach Dicke 10 bis 12 Minuten garen. Herausnehmen und gut abtropfen lassen.

3. Den Spargel und den Schinken dekorativ auf dem Brot anrichten und mit den Parmesanraspeln bestreut servieren.

Spargel-Variationen

Spargel lässt sich mit vielen Beilagen kombinieren. Hier finden Sie zwei der zahlreichen Variationsmöglichkeiten, aus denen Sie wählen können: Spargel mit „Kratzete" und Spargel mit „Reibekuchen".

Zutaten *für 4 Personen:*

Für den Spargel:

2 kg weißer Spargel

1 Prise Salz

1–2 TL Zucker

1 EL Butter

2 EL Zitronensaft

Zubereitung *Spargel:*

Den Spargel waschen, schälen und die holzigen Enden abschneiden. Wasser mit Salz, Zucker, Butter und Zitronensaft aufkochen und den Spargel darin je nach Dicke 10 bis 15 Minuten garen. Herausnehmen, gut abtropfen lassen und bei 100 °C im Backofen warm stellen.

Zubereitung *Variante 1:*

Spargel mit Kratzete

1. Die Eier trennen und das Eigelb schaumig aufschlagen. Die Milch, das Mehl und die Salatkräuter in Öl unterrühren. Das Eiweiß steif schlagen und unterziehen.

2. 1 Esslöffel Butter in einer Pfanne erhitzen, ein Viertel des Teigs hineingießen und einen Pfannkuchen ausbacken.

3. Nach dem ersten Wenden mit einem Pfannenheber in Stücke „kratzen" und warm stellen. Portionsweise drei weitere Pfannkuchen in der restlichen Butter ausbacken und in Stücke „kratzen".

4. Den Knoblauch und die Zwiebel abziehen, sehr fein hacken und mit dem Quark und dem Joghurt verrühren. Mit Salz und Pfeffer abschmecken.

5. Den Spargel mit den Kratzete und dem Dip auf Tellern anrichten und servieren.

Zubereitung *Variante 2:*

Spargel mit Reibekuchen

1. Die Kartoffeln waschen und schälen, die Zwiebel abziehen und beides reiben. Mit den Eiern vermischen und mit Salz, Pfeffer und Muskatnuss würzen.

2. Etwas Öl in einer Pfanne erhitzen und nacheinander aus dem Kartoffelteig knusprige, goldbraune Reibekuchen braten.

3. Für den Dip die Zwiebel abziehen, sehr fein hacken, mit den Kräutern und der Crème fraîche verrühren. Mit Salz und Pfeffer abschmecken.

4. Den Spargel mit den Reibekuchen, dem Schinken und dem Dip auf Tellern anrichten und servieren.

Zutaten *Variante 1:*

Für die Kratzete:

4 Eier

325 ml Milch

200 g Mehl

1–2 TL Salatkräuter
   in Öl

4 EL Butter

Für den Dip:

1 Knoblauchzehe

1 kleine Zwiebel

125 g Quark

125 g Naturjoghurt

Salz, Pfeffer

Zutaten *Variante 2:*

Für die Reibekuchen:

800 g Kartoffeln

1 Zwiebel

2 Eier

1 TL Salz

¼ TL gemahlener Pfeffer

1 Msp. gemahlene Muskatnuss

4 EL Speiseöl

Für den Dip:

1 kleine Zwiebel

gemischte Kräuter (TK-Mischung)

250 g Crème fraîche

Salz, Pfeffer

Außerdem:

8 Scheiben Schinken

Spargel, Erdbeeren & Rhabarber

Mini-*Spargel*-Pizza mit Tomaten und Schinken

Zubereitung:

1. Den Backofen auf 200 °C vorheizen.

2. Das Mehl in eine Schüssel sieben, in die Mitte eine Vertiefung drücken und die zimmerwarme Hefe hineinbröckeln. Mit dem Zucker bestreuen, mit 5 Esslöffeln lauwarmem Wasser verrühren und an einem warmen Ort abgedeckt ca. 20 Minuten gehen lassen.

3. Die restlichen Zutaten sowie ca. 100 ml lauwarmes Wasser zum Teig geben, gut verkneten und weitere 30 Minuten gehen lassen.

4. Den Spargel waschen, schälen und die holzigen Enden abschneiden. Die Stangen in mundgerechte Stücke schneiden. Wasser mit Salz, dem Zucker, der Butter und dem Zitronensaft aufkochen und die Spargelstücke darin je nach Dicke 10 bis 12 Minuten garen. Herausnehmen und gut abtropfen lassen.

5. Die Crème fraîche glatt rühren und mit Salz, Pfeffer sowie Knoblauch abschmecken. Die Frühlingszwiebeln putzen, waschen, in Ringe schneiden und hinzufügen.

6. Die Tomaten waschen und den Stielansatz entfernen. Die Tomaten in Scheiben und den Kochschinken in Streifen schneiden. Den Teig zu 12 Mini-Pizzen ausrollen und mit der angerührten Crème fraîche bestreichen.

7. Die Pizzen mit Spargelstücken, Tomatenscheiben sowie den Schinkenstreifen belegen, mit dem Käse bestreuen und ca. 20 Minuten im Ofen goldbraun backen.

8. Die Pizzen mit dem Basilikumöl beträufeln und mit Schnittlauch dekoriert servieren.

Zutaten *für 4 Personen:*

Für den Teig:
500 g Mehl
1 Würfel frische Hefe
½ TL Zucker
1 Ei
50 g weiche Butter
Salz

Für den Belag:
250 g weißer Spargel
1–2 TL Zucker
1 TL Butter
1 EL Zitronensaft
250 g Crème fraîche
½ TL gepresster Knoblauch
4 Frühlingszwiebeln
150 g Tomaten
100 g Kochschinken
100 g geriebener Käse
4 TL Basilikumöl
frischer Schnittlauch
Salz, Pfeffer

Spargel-Schupfnudel-Pfanne mit Rinderfilet

Zubereitung:

1. Den Spargel waschen, den weißen Spargel ganz, bei dem grünen Spargel nur das untere Drittel schälen und die holzigen Enden abschneiden. Die Stangen in mundgerechte Stücke schneiden. Wasser mit Salz, Zucker und Butter aufkochen und die Spargelstücke darin je nach Dicke 10 bis 12 Minuten garen. Herausnehmen, gut abtropfen lassen und die Spargelbrühe auffangen.

2. Das Rinderfilet unter fließend kaltem Wasser abwaschen, mit Küchenkrepp trocken tupfen und in Streifen schneiden. Den Knoblauch abziehen, zerdrücken und mit den Filetstreifen, Pfeffer sowie Thymian vermischen. Die Schalotten abziehen und in Streifen schneiden.

3. Das Öl erhitzen, die Filetstreifen sowie die Schupfnudeln darin anbraten und herausnehmen. Die Schalottenstreifen in dem verbliebenen Bratfett andünsten, die Spargelstücke, die Filetstreifen und die Schupfnudeln hinzufügen und kurz miterhitzen.

4. Für die Soße 250 ml Spargelbrühe mit der Gemüsebrühe und der Sahne aufkochen und etwas einkochen lassen. Eventuell mit etwas hellem Soßenbinder andicken.

5. Den Bärlauch waschen, trocken schütteln und in Streifen schneiden. Die Soße mit dem Bärlauch verfeinern und mit den Gewürzen abschmecken.

6. Die Spargel-Schupfnudel-Pfanne mit Petersilie dekoriert servieren und dazu die Soße reichen.

Zutaten *für 2–3 Personen:*

je 300 g weißer und grüner
  Spargel
1–2 TL Zucker
1 TL Butter
200 g Rinderfilet
1 Knoblauchzehe
2 Schalotten
1 TL Pflanzenöl

500 g Schupfnudeln
getrockneter Thymian
glatte Petersilie
Salz, Pfeffer

Für die Soße:
200 ml Gemüsebrühe
50 ml süße Sahne

heller Soßenbinder
einige Blätter Bärlauch
getrockneter Thymian
Pfeffer

Spargel-Schupfnudel-Pfanne mit Rinderfilet

Seezungenpfanne mit grünem Spargel

Zutaten *für 4 Personen:*

700 g Seezungenfilet
1 Schalotte
400 g grüner Spargel
400 g kleine Kartoffeln
100 g Butter
80 ml Weißwein

120 ml Hühnerbrühe
1 kleines Lorbeerblatt
1 Msp. Piment
¼ Bund Estragon
Salz, Pfeffer

Zubereitung:

1. Die Fischfilets unter Wasser abwaschen, mit Küchenkrepp trocken tupfen und schräg in 2 bis 3 cm breite Streifen schneiden. Die Schalotte abziehen und würfeln.

2. Den Spargel waschen, das untere Drittel schälen und die holzigen Enden abschneiden. Die Stangen in mundgerechte Stücke schneiden. Die Kartoffeln gründlich waschen, sodass die Schale mitgegessen werden kann, und in dünne Scheiben schneiden.

3. In einer großen beschichteten Pfanne die Hälfte der Butter zerlassen und das Gemüse darin zwei Minuten anschwitzen. Mit Salz und Pfeffer würzen und mit dem Weißwein ablöschen. Die Hühnerbrühe, das Lorbeerblatt sowie den Piment hinzufügen und 8 bis 10 Minuten zugedeckt dünsten.

4. Den Estragon waschen, trocken schütteln und grob hacken. Die Seezungenstreifen salzen, pfeffern, mit dem Estragon zum Gemüse geben und 3 Minuten zusammen fertig garen.

5. Die restliche kalte Butter in Würfel schneiden, vorsichtig unter die Seezungenpfanne heben und schwenken, sodass der in der Pfanne verbliebene Fond leicht gebunden wird. Abschmecken und servieren.

Spargel-Kartoffel-Gratin

Zubereitung:

1. Den Backofen auf 180°C vorheizen.

2. Den Spargel waschen, den weißen Spargel ganz, bei dem grünen Spargel nur das untere Drittel schälen und die holzigen Enden abschneiden. Die Stangen in mundgerechte Stücke schneiden. Wasser mit Salz, Zucker und Butter aufkochen und die Spargelstücke darin ca. 15 Minuten kochen. Herausnehmen und gut abtropfen lassen.

3. Die Kartoffeln waschen, schälen und in dünne Scheiben schneiden. Die Kartoffelscheiben, die Spargelstücke und die Schinkenstreifen in eine gefettete Gratinform schichten.

4. Für die Soße die Sahne mit den Eiern verquirlen, mit Salz, Pfeffer sowie Muskatnuss abschmecken und über das Gratin gießen.

5. Das Gratin mit dem Käse bestreuen, ca. 40 Minuten goldbraun backen und mit Petersilie dekoriert servieren.

Zutaten *für 4 Personen:*

je 500 g weißer und grüner Spargel
1–2 TL Zucker
1 EL Butter
600 g Kartoffeln
200 g Schinkenstreifen
120 g geriebener Käse
glatte Petersilie

Salz
Fett für die Form

Für die Gratinsoße:

200 ml süße Sahne
4 Eier
gemahlene Muskatnuss
Salz, Pfeffer

Spargel-Knödel-Gratin mit Frühlingszwiebeln

Zubereitung:

1. Den Backofen auf 180 °C vorheizen.

2. Den Spargel waschen, den weißen Spargel ganz, bei dem grünen Spargel nur das untere Drittel schälen und die holzigen Enden abschneiden. Die Stangen in ca. 5 cm lange Stücke schneiden. Wasser mit Salz, Zucker und Butter aufkochen und die Spargelstücke darin je nach Dicke 10 bis 12 Minuten garen. Herausnehmen, gut abtropfen lassen und die Spargelbrühe auffangen.

3. Die Mini-Knödel nach Packungsanweisung zubereiten. Den Schinken in Streifen schneiden.

4. Für die Gratinsoße die Butter in einem Topf erhitzen und das Mehl darin anschwitzen. Die Milch und 300 ml Spargelbrühe unter Rühren angießen, aufkochen lassen und mit Salz, Pfeffer sowie Muskatnuss abschmecken.

5. Die Frühlingszwiebeln putzen, waschen und in feine Ringe schneiden. Die Hälfte davon unter die Soße mischen.

6. Die Spargelstücke, die Knödel und die Schinkenstreifen in eine Gratinform (ca. 24 x 28 cm) geben und die Soße darübergießen. Mit dem Käse bestreuen und ca. 30 Minuten goldbraun im Ofen backen. Die restlichen Frühlingszwiebeln über das Gratin streuen und mit Petersilie dekoriert servieren.

Zutaten *für 4 Personen:*

je 400 g weißer und grüner Spargel
1–2 TL Zucker
1 TL Butter
1 Packung Mini-Kartoffel-Knödel
100 g Parmaschinken
60 g geriebener Käse
glatte Petersilie, Salz

Für die Gratinsoße:

2 EL Butter
3 EL Mehl
100 ml Milch
6 Frühlingszwiebeln
gemahlene Muskatnuss
Salz, Pfeffer

Spargel-Knödel-Gratin mit Frühlingszwiebeln

Spargel, Erdbeeren & Rhabarber

Gratinierte Spargelröllchen

Zubereitung:

1. Den Backofen auf 250 °C vorheizen.

2. Für die Crêpes das Mehl sieben und mit den Eiern verrühren. 250 ml Milch hinzufügen und unterrühren. Die Butter in einem Topf schmelzen, leicht abkühlen lassen und unter den Teig rühren. Den Teig mit Salz und Pfeffer würzen und 10 Minuten ruhen lassen.

3. Das Öl in einer beschichteten Pfanne erhitzen und darin aus dem Teig nacheinander sechs dünne Crêpes ausbacken.

4. Den Spargel waschen, das untere Drittel schälen und die holzigen Enden abschneiden. Wasser mit Salz, dem Zucker und der Butter aufkochen und den Spargel darin je nach Dicke 8 bis 12 Minuten garen. Herausnehmen und gut abtropfen lassen.

5. Die Tomatensoße in einem Topf bei geringer Wärmezufuhr erhitzen. Die Soße in einer Auflaufform (ca. 20 x 30 cm) verteilen.

6. Den Frischkäse und die Hälfte von dem Parmesan mit dem Handrührgerät verrühren. Mit der restlichen Milch vermischen und mit Salz und Pfeffer würzen.

7. Die Crêpes dünn mit der Frischkäsecreme bestreichen. Jeweils zwei Spargelstangen auf einen Crêpe legen und eng zusammenrollen. Die aufgerollten Crêpes in 5 cm lange Stücke schneiden und senkrecht nebeneinander in die Auflaufform stellen.

8. Mit dem restlichen Parmesan bestreuen und ca. 10 Minuten im Ofen gratinieren.

Zutaten *für 4 Personen:*

Für die Crêpes:
150 g Mehl
2 Eier
270 ml Milch
2 EL Butter
2 EL Sonnenblumenöl
Salz, Pfeffer

Für den Spargel:
500 g grüner Spargel
1 Prise Salz
1–2 TL Zucker
1 TL Butter

Für die Füllung und die Soße:
1 Glas fertige Tomatensoße
200 g Frischkäse
50 g geriebener Parmesan

Aus grün mach weiß ...

Natürlich können Sie den grünen Spargel jederzeit durch weißen ersetzen. Achten Sie dann nur darauf, dass weißer Spargel komplett geschält und je nach Dicke 10 bis 15 Minuten gegart werden muss. Mit 1 EL Zitronensaft in der Spargelbrühe bleibt er auch schön weiß.

Spargel mit Mandelpiccata

Zutaten *für 4 Personen:*

Für den Spargel:

1,5 kg weißer Spargel
1–2 TL Zucker
1 EL Butter
2 EL Zitronensaft
Salz

Für die Soße:

2 Bund Petersilie
8 Sardellenfilets
2 EL Zitronensaft
3 EL geriebene Mandeln
120 ml Olivenöl
Salz, Pfeffer

Für die Piccate:

2 Eier
50 g geriebener Parmesan
50 g Mandelblättchen
8 dünne Kalbsschnitzel à 60 g
Mehl
Butterschmalz
Salz, Pfeffer

Zubereitung:

1. Den Spargel waschen, schälen und die holzigen Enden abschneiden. Wasser mit Salz, Zucker, Butter und Zitronensaft aufkochen und den Spargel darin je nach Dicke 10 bis 15 Minuten garen. Herausnehmen, gut abtropfen lassen und bei 100 °C im Backofen warm stellen.

2. Für die Soße die Petersilie waschen, trocken schütteln und von den Stielen zupfen. Etwas Petersilie für die Dekoration zurückbehalten. Die Sardellenfilets unter fließend kaltem Wasser abwaschen und mit Küchenkrepp trocken tupfen. Zusammen mit der Petersilie, dem Zitronensaft und den geriebenen Mandeln pürieren. Gleich salzen, damit die Soße schön grün bleibt. Nach und nach das Olivenöl langsam hinzufügen und zum Schluss mit Salz und Pfeffer abschmecken.

3. Für die Piccate die Eier mit dem Parmesan verquirlen und die Mandelblättchen unterrühren. Die Kalbsschnitzel unter fließend kaltem Wasser abwaschen und mit Küchenkrepp trocken tupfen. Leicht salzen und pfeffern, in Mehl wenden und durch die Käse-Mandel-Mischung ziehen.

4. Das Butterschmalz in einer beschichteten Pfanne erhitzen und die Piccate darin braten. Insgesamt 5 bis 6 Minuten garen, nach 2 bis 3 Minuten einmal wenden.

5. Den Spargel mit den Piccate und der Soße auf Tellern anrichten und mit Petersilie dekoriert servieren. Dazu passen Salzkartoffeln oder Gnocchi.

Piccata für Vegetarier

Man kann die Käse-Mandel-Mischung auch als kleine Puffer ohne Schnitzel braten. In einer heißen, beschichteten Pfanne etwas Butter zerlassen und mit einem Esslöffel kleine Puffer hineinsetzen. 2 Minuten braten, wenden und 2 Minuten goldbraun fertig braten.

Hähnchenbrust mit Käsekruste auf *Spargel*

Zubereitung:

1. Den Backofen auf 100 °C vorheizen. Den Käse in Würfel schneiden und mit den Weißbrotbröseln und den Mandeln mischen.

2. Die Hähnchenbrüste unter fließend kaltem Wasser abwaschen und mit Küchenkrepp trocken tupfen. Das Öl in einer Pfanne erhitzen und die Hähnchenbrüste bei mittlerer Hitze auf beiden Seiten jeweils etwa 2 Minuten sanft anbraten. Ca. 20 Minuten im Ofen saftig garen lassen, herausnehmen und den Ofen auf Grillfunktion umschalten.

3. Die Hähnchenbrüste mit Salz und Pfeffer würzen. Die Oberseite mit dem Pesto bestreichen. Je ein Viertel der Käsemasse mit den Händen flach drücken und auf das Pesto legen.

4. Die Hähnchenbrüste mit der Käse-Pesto-Seite nach oben in eine feuerfeste Schale legen. Unter dem vorgeheizten Grill auf der untersten Backofenschiene ca. 5 Minuten überbacken.

5. Den Spargel waschen, das untere Drittel schälen und die holzigen Enden abschneiden. Die Stangen schräg vierteln. Wasser mit Salz, Zucker und Butter aufkochen und die Spargelstücke darin je nach Dicke 10 bis 12 Minuten garen. Herausnehmen und gut abtropfen lassen.

6. Die Kirschtomaten waschen und halbieren. Den Knoblauch abziehen und durch die Presse drücken. Die Spargelstücke, die Kirschtomaten, den Knoblauch und die Zitronenschale in der Gemüsebrühe erwärmen. Den Knoblauch und die Zitronenschale entfernen und das Gemüse mit Salz sowie Pfeffer würzen. Die Petersilie hineinstreuen und die Butter hinzufügen.

7. Das Spargelgemüse auf Tellern anrichten und je eine aufgeschnittene Hähnchenbrust daraufsetzen. Mit Bärlauchblättern dekoriert servieren.

Welche Kräuter zu Spargel?

Wenn der Spargel Saison hat, gibt es auch eine Fülle frischer Kräuter, die sehr gut dazu passen. Probieren Sie statt Bärlauch einmal Kerbel, Zitronenmelisse oder Basilikum!

Zutaten *für 4 Personen:*

Für die Hähnchenbrust:

150 g Weichkäse
25 g Weißbrotbrösel
25 g gemahlene Mandeln
4 Hähnchenbrustfilets
1 EL Öl
3–4 EL Bärlauchpesto
Salz, Pfeffer

Für das Spargelgemüse:

400 g grüner Spargel
1–2 TL Zucker
1 TL Butter
150 g Kirschtomaten
1 Knoblauchzehe
½ TL unbehandelte
   Zitronenschale

5–6 EL Gemüsebrühe
1 EL gehackte Petersilie
1 EL Butter
frische Bärlauchblätter
Salz, Pfeffer

Hähnchenbrust mit Käsekruste auf Spargel

Spargel, Erdbeeren & Rhabarber

*Spargel*risotto mit Scampis

Zubereitung:

1. Die Zwiebel und den Knoblauch abziehen und beides fein würfeln. Den Spargel waschen, im unteren Drittel schälen und die holzigen Enden abschneiden. Die Stangen in mundgerechte Stücke schneiden. Von der Zitrone mit einem Zestenreißer dünne Streifen abhobeln.

2. In einer großen, hohen Pfanne oder einem großen, flachen Topf das Pflanzenöl erhitzen und die Zwiebel- und Knoblauchwürfel darin andünsten. Den Reis hinzugeben und unter Rühren ebenfalls kurz andünsten.

3. Mit dem Weißwein ablöschen und bei mittlerer bis geringer Hitzezufuhr unter Rühren portionsweise die Gemüsebrühe hinzufügen. Zwischen den einzelnen Zugaben etwas quellen lassen und dann wieder Brühe unterrühren.

4. Nach ca. 10 Minuten die Spargelstücke untermischen und weitere 15 Minuten unter gelegentlichem Rühren garen. Mit Chili, Salz und Pfeffer würzen.

5. Für die Scampis in einer Pfanne das Öl erhitzen und die Scampis darin rundum ca. 5 Minuten anbraten. Mit Zitronensaft, Salz und Pfeffer würzen.

6. Das Risotto zusammen mit den Scampis auf Tellern anrichten. Mit Parmesan bestreuen und mit den Zitronenzesten und Petersilie dekoriert servieren.

Zutaten *für 4 Personen:*

Für das Risotto:
1 Zwiebel
1 Knoblauchzehe
1 kg grüner Spargel
1 unbehandelte Zitrone
2 EL Pflanzenöl
400 g Risottoreis
⅛ l trockener Weißwein
ca. 300 ml Gemüsebrühe
1 Msp. Chilipulver
geriebener Parmesan
Petersilie
Salz, Pfeffer

Für die Scampis:
2 EL Pflanzenöl
12 große Scampis
1 TL Zitronensaft
Salz, Pfeffer

Varianten

Das Spargelrisotto kann statt mit Scampis auch mit gegrilltem Lachs, mit Hähnchenbrust oder Minutensteaks serviert werden. Wer ein vegetarisches Gericht bevorzugt, lässt die Beilage einfach weg – mit etwas mehr Parmesan darübergestreut und einem Blattsalat als Beilage wird das Spargelrisotto zur vollwertigen Mahlzeit.

Gebratenes Lachsfilet auf *Spargel* mit Parmesan

Zutaten *für 4 Personen:*

600 g Lachsfilet

3 Knoblauchzehen

1 Bund glatte Petersilie

1 unbehandelte Limette

75 g Parmesan

3 EL Olivenöl

30 g Pinienkerne

Salz, Pfeffer

Für den Spargel:

je 750 g weißer und grüner Spargel

1 Prise Salz

1–2 TL Zucker

1 EL Butter

Zubereitung:

1. Das Lachsfilet unter fließend kaltem Wasser abwaschen, mit Küchenkrepp trocken tupfen und in 4 Portionsstücke schneiden.

2. Den Knoblauch abziehen und in Scheiben schneiden. Die Petersilie waschen, trocken schütteln und fein schneiden. Die Limette heiß abwaschen, gründlich mit Küchenkrepp trocken reiben und in Scheiben schneiden. Den Parmesan fein hobeln.

3. Den Spargel waschen, den weißen Spargel ganz, bei dem grünen Spargel nur das untere Drittel schälen und die holzigen Enden abschneiden. Wasser mit Salz, Zucker und Butter aufkochen und den grünen Spargel darin je nach Dicke 8 bis 12 Minuten, den weißen je nach Dicke 10 bis 15 Minuten garen. Herausnehmen, gut abtropfen lassen und bei 100 °C im Backofen warm stellen.

4. Das Olivenöl erhitzen und die Lachsfilets ca. 5 Minuten darin braten, dabei mehrmals wenden. Nach 4 Minuten die Limetten- und Knoblauchscheiben sowie die Pinienkerne hinzufügen und kurz mitbraten. Mit Petersilie, Salz und Pfeffer abschmecken.

5. Den Spargel mit den Lachsfilets auf Tellern anrichten und mit dem Parmesan bestreut servieren. Dazu passen Salzkartoffeln oder Bandnudeln.

Aber bitte mit Soße ...

Sehr lecker schmeckt dazu eine selbstgemachte Sauce hollandaise (Rezept siehe Seite 7). Allerdings wird das Gericht dadurch sehr kalorienreich – trotz der „schlanken" Spargel.

Gebratenes Lachsfilet auf Spargel mit Parmesan

Saibling auf karamellisiertem *Spargel*

Zutaten *für 4 Personen:*

1 kg weißer Spargel
1–2 TL Zucker
1 EL Butter
3 EL Zitronensaft
2 EL brauner Zucker
glatte Petersilie
Salz

Für die Fischfilets:

4 Saiblingsfilets à ca. 120 g
Zitronensaft
200 g Schwarzwälder Schinken
1 EL Butter
Salz, Pfeffer

Zubereitung:

1. Den Spargel waschen, schälen und die holzigen Enden abschneiden. Wasser mit Salz, Zucker, Butter und zwei Esslöffeln Zitronensaft aufkochen und den Spargel darin je nach Dicke 10 bis 15 Minuten garen. Herausnehmen, gut abtropfen lassen und bei 100 °C im Backofen warm stellen.

2. Die Saiblingsfilets unter fließend kaltem Wasser abwaschen und mit Küchenkrepp trocken tupfen. Mit Salz und Pfeffer würzen, mit Zitronensaft beträufeln und mit dem Schinken umwickeln. In der erhitzten Butter von jeder Seite ca. 5 Minuten braten.

3. Den braunen Zucker in einer Pfanne erhitzen, den Spargel hinzufügen und karamellisieren. Den Spargel mit dem restlichen Zitronensaft beträufeln und mit Salz würzen.

4. Den Spargel mit den Saiblingsfilets auf Tellern anrichten und mit Petersilie dekoriert servieren. Dazu passen in Scheiben geschnittene und gebratene kleine Kartoffeln.

Blätterteig-Spargel-Säckchen

Zutaten *für 10 Stück:*

je 250 g weißer und grüner
   Spargel
1 EL Butter
100 ml Gemüsebrühe
1 Packung Tiefkühl-Blätterteig
2 Schalotten
200 g Frischkäse

abgeriebene Schale und Saft
   von ½ unbehandelten
   Orange
½ TL süßer Senf
200 g Schinkenwürfel
1 Ei
Salz, Pfeffer

Zubereitung:

1. Den Backofen auf 200 °C vorheizen.

2. Den Spargel waschen, den weißen Spargel ganz, bei dem grünen Spargel nur das untere Drittel schälen und die holzigen Enden abschneiden. Die Stangen in ca. 2 cm lange Stücke schneiden und in der erhitzten Butter kurz anbraten. Die Brühe angießen und abgedeckt 5 bis 10 Minuten garen. Herausnehmen und gut abtropfen lassen.

3. Den Blätterteig nach Packungsanweisung vorbereiten.

4. Die Schalotten abziehen und fein würfeln. Den Frischkäse mit Orangenschale und -saft verrühren, mit Senf, Salz und Pfeffer abschmecken und mit den Schinkenwürfeln, dem Spargel und den Schalotten vermischen. Die Füllung auf den Blätterteigscheiben verteilen.

5. Das Ei trennen und die Blätterteigränder mit dem Eiweiß bestreichen. Die Blätterteigscheiben zu Säckchen zusammenfalten und mit dem verquirlten Eigelb bestreichen. Auf ein mit Backpapier belegtes Blech setzen und ca. 20 bis 30 Minuten goldbraun backen.

Spargelplätzchen mit Sauce hollandaise

Zubereitung:

1. Die Eier trennen. Das Mehl, die Eigelbe, die Milch, den Parmesan und etwas Muskat zu einem glatten Pfannkuchenteig verrühren.

2. Den Spargel waschen, das untere Drittel der Stangen schälen und die holzigen Enden abschneiden. Die Spargelstangen in Salzwasser ca. 10 Minuten garen, dann herausnehmen und gut abtropfen lassen.

3. Die Eiweiße mit 1 Prise Salz steif schlagen und unter den Teig heben. Die abgetropften Spargelstangen in ca. 1 cm dicke Scheiben schneiden und ebenfalls unter den Teig heben. Das Öl in einer Pfanne erhitzen und aus dem Teig ca. 12 Plätzchen backen. Auf Küchenkrepp abtropfen lassen und warm stellen.

4. Die Tomaten waschen, vierteln und die Kerne entfernen. Das Fruchtfleisch klein würfeln. Den Basilikum waschen und trocken schütteln. Die Blättchen abzupfen und hacken.

5. Für die Sauce hollandaise die Butter schmelzen und abkühlen lassen. Die Eigelbe und den Zitronensaft im heißen Wasserbad so lange rühren, bis eine dickliche Masse entsteht. Mit Salz und Pfeffer würzen.

6. Die geschmolzene, nicht mehr heiße Butter unter Rühren langsam zur Eigelb-Zitronensaft-Mischung gießen. Dann die Tomatenwürfel und den gehackten Basilikum unterrühren und leicht erwärmen. Die Soße zu den Spargelplätzchen servieren.

Zutaten *für 4 Personen:*

Für die Spargelplätzchen:
2 Eier
180 g Mehl
200 ml Milch
60 g geriebener Parmesan
gemahlene Muskatnuss

700 g grüner Spargel
6 EL Pflanzenöl, Salz

Für die Sauce hollandaise:
500 g Tomaten
4 Zweige Basilikum

250 g Butter
4 Eigelb
2 TL Zitronensaft
Salz, Pfeffer

Spargelplätzchen mit Sauce hollandaise

Spargeltarte mit Schinken

Zubereitung:

1. Den Blätterteig nach Packungsanweisung vorbereiten. Den Backofen auf 200°C vorheizen.

2. Den Spargel waschen, den weißen Spargel ganz, bei dem grünen Spargel nur das untere Drittel schälen und die holzigen Enden abschneiden. Die Stangen in mundgerechte Stücke schneiden. Wasser mit Salz, Zucker und Butter aufkochen und die Spargelstücke darin je nach Dicke 10 bis 12 Minuten garen. Herausnehmen und gut abtropfen lassen.

3. Den Kochschinken in Streifen schneiden.

4. Für die Soße die Eier mit der Milch und der Petersilie verrühren und mit Salz sowie Pfeffer würzen.

5. Den Blätterteig ausrollen und eine gefettete Springform mit einem Durchmesser von 26 cm damit auslegen. Die Hälfte der Soße in die Springform gießen. Die Spargelstücke und die Schinkenstreifen darauf verteilen und die restliche Soße darübergießen. Mit den Pinienkernen und dem Käse bestreuen.

6. Die Tarte ca. 40 Minuten im Ofen backen. Nach der Hälfte der Garzeit eventuell mit Alufolie abdecken. Die Spargeltarte mit glatter Petersilie dekoriert servieren.

Zutaten *für ca. 12 Stücke:*

300 g Tiefkühl-Blätterteig

je 250 g weißer und
   grüner Spargel

1–2 TL Zucker

1 TL Butter

200 g Kochschinken

50 g Pinienkerne

100 g geriebener Käse

glatte Petersilie

Salz

Fett für die Form

Für die Soße:

3 Eier

¼ l Milch

3 EL gehackte Petersilie

Salz, Pfeffer

Spargeltarte mit Schinken

Spargelquiche mit frischen Kräutern

Zutaten *für 1 Backblech:*

Für den Teig:
250 g Dinkel-Vollkornmehl
120 g kalte Butter
2 Eier
120 g Quark
Salz

Für den Spargel:
500 g weißer Spargel
1–2 TL Zucker
1 TL Butter
1 EL Zitronensaft
Salz

Für die Soße:
1 Bund Estragon
½ Bund Petersilie
200 ml süße Sahne
2 EL Crème fraîche
2 Eier
frisch geriebene Muskatnuss
Salz, Pfeffer

Außerdem:
Mehl für die Arbeitsfläche
Fett für die Form

Zubereitung:

1. Den Backofen auf 180 °C vorheizen. Das gesiebte Mehl und die klein geschnittene Butter mit den Eiern, dem Quark und Salz zu einem glatten Teig verkneten. Den Teig in Klarsichtfolie wickeln und eine Stunde kühl stellen.

2. Den Spargel waschen, schälen und die holzigen Enden abschneiden. Wasser mit Salz, Zucker, Butter und Zitronensaft aufkochen und den Spargel darin ca. 10 Minuten garen. Herausnehmen und gut abtropfen lassen.

3. Den Teig auf einer bemehlten Arbeitsfläche ca. 1 cm dick ausrollen und ein gefettetes Backblech damit auslegen. Die Spargelstangen gleichmäßig darauf verteilen.

4. Den Estragon und die Petersilie waschen, trocken schütteln und hacken. Die Sahne, die Crème fraîche und die Eier mit den Kräutern verrühren. Die Soße mit Salz, Pfeffer und Muskatnuss würzen und über den Spargel gießen.

5. Ca. 50 Minuten im Ofen goldgelb backen, nach ca. 30 Minuten die Teigränder mit Alufolie abdecken. Die Spargelquiche lauwarm servieren.

Spargelquiche mit frischen Kräutern

Ratgeber *Erdbeeren*

Geschichte und Herkunft:

Walderdbeeren waren schon bei unseren Urahnen in der jüngsten Steinzeit bekannt. Im Mittelalter gab es große Flächen, auf denen Walderdbeeren sogar kultiviert wurden.

Die großfruchtige Gartenerdbeere, wie wir sie heute kennen, gibt es allerdings erst seit ca. 200 Jahren: Sie ging aus einer Kreuzung zwischen der amerikanischen kleinen Scharlacherdbeere und der großfruchtigen Chile-Erdbeere hervor. In Deutschland wird die Gartenerdbeere seit dem Ende des 19. Jahrhunderts gezüchtet.

Die kleine Walderdbeere findet man in Europa an Waldrändern sowie in lichten Laub- und Nadelwäldern und – meist recht teuer – auf unseren Wochenmärkten.

Sorten und Arten:

Es gibt Hunderte von Sorten mit unterschiedlichen Boden- und Klimaansprüchen, verschiedenem Aussehen, Geschmack und Wuchs. Leider befinden sich darunter viele Sorten, die mehr den Bedürfnissen der Erzeuger und des Handels als denen des Verbrauchers gerecht werden: große, attraktive Früchte, die problemlos längere Transportwege und einige Tage Lagerung überstehen. Diese Früchte sind oftmals kaum saftig und ihre Konsistenz ähnelt der von Schaumgummi. Vom fehlenden Aroma und Duft gar nicht zu sprechen!

Die traditionellen Sorten werden immer seltener gewerblich angebaut. So findet man die früher häufig angebaute, aromatische Sorte „Senga Sengana" heute selten, denn sie ist empfindlich und für den Handel nicht attraktiv genug. Aromatische Sorten wie „Mieze Schindler" wurden komplett von den gewerblichen Anbauflächen verbannt und gelten heute als reine Liebhabersorten der Hobbygärtner.

Inzwischen lassen sich allerdings auch wieder Ansätze zurück zu den Wurzeln erkennen: Aus Spanien kamen in letzter Zeit z. B. ansehnliche Früchte, die nicht nur robust waren, sondern auch nach Erdbeeren schmeckten. Vielleicht gelingt bald die Züchtung einer Erdbeere, die nicht nur schön aussieht, sondern auch transportunempfindlich ist und das Aroma früherer Sorten hat.

Gesunde Früchtchen:

Die figurfreundlichen Erdbeeren sind reich an Vitaminen und Mineralstoffen. Die Vitamin-C-Bomben haben einen Gehalt von 60 mg pro 100 g Fruchtfleisch. Sie enthalten außerdem wertvolle Mineralstoffe wie Kalzium, Kalium, Phosphor und besonders auch Eisen. Nicht umsonst gelten Erdbeeren in der Volksmedizin als wirksames Mittel gegen Blutarmut. Wegen ihres hohen Gehalts an Salizylsäure werden sie zur Linderung von Gicht und Rheuma empfohlen. Frische Erdbeeren mit etwas Zucker oder Schlagsahne zählen zu den köstlichsten Genüssen des Frühsommers.

Der Anbau und die Ernte:

Die Erntezeit der Erdbeere ist relativ kurz. Sie wird in der Regel von Mai bis Juli geerntet. Es gibt aber auch Sorten, die noch bis Oktober geerntet werden können. Bei den Treibhauserdbeeren beginnt die Saison schon im März.

Einkaufen:

Bereits im Januar kommen die ersten Erdbeeren aus spanischen Gewächshäusern in unsere Läden, ab März dann auch aus Italien. Im Geschmack können sie unsere heimischen Früchte allerdings nicht übertreffen.

Wer keine Erdbeeren im eigenen Garten anbauen kann, der sollte sich nicht benachteiligt fühlen: Er kann sich nämlich seine Erdbeeren selbst auf einer der vielen Erdbeerplantagen pflücken oder direkt vom Erzeuger kaufen. Die Mühe lohnt sich in jedem Fall. Auf solchen Plantagen werden

in der Regel immer noch so aromatische Sorten wie „Senga Sengana" angebaut. Dann kann man auch feststellen, dass eine sonnengereifte, frisch gepflückte Erdbeere unvergleichlich viel besser schmeckt. Je punktgenauer man Erdbeeren erntet, desto besser schmecken sie, denn die Früchte reifen nicht nach! Sind mindestens ⅔ der Fruchtoberfläche rot, sind Erdbeeren genießbar. Ihr volles Aroma entfalten sie aber erst, wenn sie komplett rot gefärbt sind.

Eine weitere Möglichkeit, sich beim Erdbeerkauf Enttäuschungen zu ersparen, ist der Gang über den Wochenmarkt. Hier bieten oft heimische Bauern ihre Waren in kleinen Mengen an und die Chance, aromatische Erdbeeren kaufen zu können, ist ziemlich groß.

Es dauert meistens nicht länger als einen Tag, bis die geernteten Erdbeeren vom Feld zum Verkauf gelangen. Die Erdbeere ist nämlich sehr sensibel und verträgt keine lange Lagerung.

Wenn sie allerdings frisch genossen wird, belohnt sie die Mühe des schnellen Transports vom Feld auf den Obstteller mit ihrem vollen Aroma und dem unverwechselbaren Geschmack.

Erdbeeren in der Küche:

Aufbewahrung: Erdbeeren sind ausgesprochen empfindlich und sollten am besten vorsichtig transportiert und anschließend sofort gegessen oder verarbeitet werden. Sie sind druckempfindlich und setzen schnell Schimmel an, deshalb müssen beschädigte Früchte aussortiert werden. Ansonsten sollten die Früchte möglichst ungewaschen und abgedeckt an einem kühlen Ort oder im Gemüsefach des Kühlschranks zwei bis drei Tage aufbewahrt werden (½ Stunde vor dem Essen aus dem Kühlschrank nehmen).

Vorbereiten: Erdbeeren sollten Sie nie mit einem harten Wasserstrahl abbrausen, sondern nur kurz in kaltes Wasser tauchen. Die gewaschenen Beeren sollten gut abtropfen oder vorsichtig trocken getupft werden. Erst nach dem Waschen entfernt man Stiele und Blätter, sonst „bluten" die Früchte aus, d.h., dass Fruchtsaft ausläuft und die Erdbeeren an Geschmack verlieren und „verwässern". Zuckern Sie die Erdbeeren auch erst kurz vor dem Servieren, sonst verlieren sie zu viel Saft und werden weich und schlaff.

Vorrat: Erdbeeren lassen sich prima einfrieren! Damit die druckempfindliche Frucht dabei nicht zu einem undefinierbaren Klumpen zerdrückt wird, sollte man die Früchte nach dem Säubern vorgefrieren. Gut geeignet sind dafür Alu-Grillpfannen oder Tabletts, auf denen man die Erdbeeren anrichten und in das Gefriergerät schieben kann. Die Früchte dürfen sich nicht berühren. Wer mag, zuckert die Erdbeeren (100–200 g Streu- oder Puderzucker auf 1 kg Beeren), bevor sie in den Beutel kommen.

Allerdings nutzen die leckersten Erdbeeren und die gründlichste Vorbereitung nichts, wenn das Gefriergut nicht sorgfältig verpackt wird. Leicht zu befüllen und zuverlässig sind Gefrierbeutel mit weiter Öffnung und praktischem Standboden. Sie schützen das Gefriergut sicher vor Gefrierbrand. Verschließen lassen sich die Beutel ganz einfach durch spezielle Klemmen oder Verschluss-Klipse. So können die Erdbeeren etwa ein Jahr lang gelagert werden.

Ein absoluter Klassiker, um den Geschmack der „Königin der Früchte" auch im Winter auf den Tisch zu bekommen, ist die selbst gemachte Erdbeermarmelade. Mit ihr schmeckt das Frühstücksbrötchen gleich doppelt so gut. Zudem erfreut sie sich als Mitbringsel stets größter Beliebtheit.

Erdbeermarmelade

Zutaten:
500 g frische, aromatische Erdbeeren
500 g Gelierzucker
2 Vanilleschoten

Zubereitung:
1. Die gewaschenen und geputzten Erdbeeren mit dem Mixer zerkleinern.

2. Die Erdbeeren mit dem Gelierzucker in einem Topf mischen, unter Rühren erhitzen und etwa 5 Minuten kochen lassen. Dabei öfter umrühren, damit die Masse nicht anbrennt.

3. Die Vanilleschoten der Länge nach aufschneiden, das Mark herauskratzen und unter die Erdbeermasse rühren.

4. Die Marmeladengläser mit heißem Wasser ausspülen und die Erdbeermarmelade hineinfüllen.

5. Die Gläser sofort gut verschließen und ein paar Minuten auf den Deckel stellen, damit keine Keime überleben.

Gleich nach dem Apfel ist die Erdbeere die beliebteste Frucht der Deutschen: Etwa 3 kg verzehrt jeder im Jahr.

Spargel-Erdbeer-Salat

Zutaten *für 3 Personen:*

250 g grüner Spargel

1 TL Zucker

1 TL Butter

150 g Blattsalat

150 g Erdbeeren

200 g Gurke

2 EL Kräutermischung (TK)

1 EL Essig

1 EL Öl

75 g Joghurt

Salz, Pfeffer

Zubereitung:

1. Den Spargel waschen, das untere Drittel schälen und die holzigen Enden abschneiden. Die Stangen in mundgerechte Stücke schneiden. Wasser mit Salz, dem Zucker und der Butter aufkochen und den Spargel darin je nach Dicke ca. 6 Minuten garen. Herausnehmen und gut abtropfen lassen.

2. Den Salat waschen, trocken schleudern oder gut abtropfen lassen und mundgerecht zerteilen. Die Erdbeeren waschen, putzen und halbieren. Die Gurke schälen und in Scheiben schneiden.

3. Die Kräuter mit dem Essig, dem Öl und dem Joghurt glatt rühren. Zum Schluss mit Salz und Pfeffer abschmecken. Den Salat, die Erdbeeren, den Spargel und die Gurke auf Tellern verteilen und mit dem Dressing beträufeln.

Fischfilet mit *Erdbeeren*

Zutaten *für 4 Personen:*

1 Chilischote
¼ Vanilleschote
200 g Erdbeeren
200 g grüner Spargel
1 Limette
600 g Fischfilet
2 EL Pflanzenöl
100 ml Hühnerbouillon
200 g Crème fraîche
½ Bund Basilikum
Salz, Pfeffer

Zubereitung:

1. Die Chilischote waschen, halbieren, entkernen und in feine Streifen schneiden. Die Vanilleschote halbieren und das Vanillemark mit dem Messerrücken herauskratzen. Die Erdbeeren waschen, putzen und halbieren. Den Spargel waschen, das untere Drittel schälen und die holzigen Enden abschneiden. Die Stangen in mundgerechte Stücke schneiden. Den Saft der Limette auspressen. Das Fischfilet kalt abwaschen, mit Küchenkrepp trocken tupfen, mit dem Limettensaft begießen und salzen.

2. In einer Pfanne das Öl erhitzen und das Fischfilet bei großer Hitze ca. 2 Minuten von jeder Seite anbraten. Den Fisch aus der Pfanne nehmen und den Spargel ca. 5 Minuten in der heißen Pfanne anbraten. Die Brühe dazugießen, die Crème fraîche einrühren, das Vanillemark und die Chili dazugeben und aufkochen.

3. Den Fisch wieder in die Pfanne geben und ca. 5 Minuten mit Deckel ziehen lassen. In der Zwischenzeit das Basilikum waschen, trocken tupfen, die Blätter vom Stiel zupfen und in feine Streifen schneiden. Mit Salz und Pfeffer abschmecken, die Erdbeeren und das Basilikum dazugeben, vorsichtig unterheben und auf Tellern anrichten.

Erdbeer-Spinat-Risotto

Zutaten *für 4 Personen:*

150 g junger Spinat
250 g Erdbeeren
2 Schalotten
1 l Gemüsebrühe
1 EL Pflanzenöl
250 g Risottoreis
40 g geriebener
   Parmesankäse
2 EL Crème fraîche
Salz, Pfeffer

Zubereitung:

1. Den Spinat putzen, waschen und gut abtropfen lassen. Die Erdbeeren waschen, putzen und vierteln. Die Schalotten abziehen und fein würfeln. Die Brühe aufkochen und warm halten. Das Pflanzenöl in einem Topf erhitzen und die Schalottenwürfel darin bei mittlerer Hitze andünsten. Den Reis dazugeben, eine weitere Minute anschwitzen, salzen und pfeffern.

2. Mit so viel Brühe ablöschen, dass der Reis gerade bedeckt ist und unter Rühren aufkochen. Die Hitze etwas reduzieren und den Reis unter häufigem Rühren ca. 20 Minuten bissfest garen, dabei immer wieder so viel Brühe nachgießen, dass der Reis immer leicht bedeckt ist.

3. Ca. 4 Minuten vor Ende der Garzeit die Erdbeeren und den Spinat unter den Reis mischen. Am Ende der Garzeit den Parmesan und die Crème fraîche unterheben und 1 Minute zugedeckt ziehen lassen.

Pistazienknödel mit Erdbeersüppchen

Zutaten *für 6 Personen:*

1 Beutel Mini-Kartoffel-
   Knödel
1 kg Erdbeeren
60 g Zucker
1 unbehandelte Zitrone
1 Vanilleschote
600 g Erdbeersorbet
20 g Ingwer
2 EL Butter
50 g Puderzucker
70 g gehackte Pistazien
etwas Zitronenmelisse

Zubereitung:

1. Die Miniknödel nach Packungsanleitung zubereiten. Die Erdbeeren waschen und putzen. Einige Erdbeeren in Scheiben schneiden und zum Garnieren zurücklegen. Die restlichen halbieren und mit dem Zucker bestreut etwa 30 Minuten ziehen lassen. Die Zitrone abspülen, die Schale fein abreiben und den Saft auspressen. Das Vanillemark aus der Schote kratzen.

2. Die Erdbeeren, das Erdbeersorbet, das Vanillemark, die Zitronenschale und 3 EL Zitronensaft fein pürieren und kalt stellen. Für die Miniknödelchen den Ingwer schälen und fein reiben. Die Butter in einer Pfanne schmelzen und die Knödel darin goldbraun anbraten. Den Puderzucker und den Ingwer dazugeben und karamellisieren lassen. Danach sofort in den gehackten Pistazien wenden.

3. Das Erdbeersüppchen mit den warmen Knödeln anrichten und mit den restlichen Erdbeerscheiben und Zitronenmelisseblättchen garnieren.

Crème brûlée mit marinierten *Erdbeeren*

Zubereitung:

1. Den Backofen auf 120 °C vorheizen.

2. Die Vanilleschote der Länge nach aufschneiden und das Mark mit dem Messerrücken herauskratzen. Das Vanillemark mit der Milch, der Sahne und den Kaffeebohnen zum Kochen bringen.

3. In einem zweiten Topf die Eier mit den Eigelben und 30 g Zucker verquirlen. Unter Rühren die Milchmischung hinzufügen und vorsichtig erhitzen, bis die Creme leicht bindet. Durch ein feines Sieb gießen und auf vier flache Keramikförmchen verteilen.

4. Die Creme ca. 20 Minuten im Ofen garen. Herausnehmen, mit Butterbrotpapier abdecken und abkühlen lassen. Die Erdbeeren waschen und putzen. Ein Drittel der Erdbeeren mit dem Orangenlikör und dem Honig pürieren, den Rest in Scheiben schneiden.

5. Die Zitronenmelisse waschen, trocken schütteln und die Blätter eines Zweiges fein schneiden. Mit den Erdbeerscheiben sowie dem Erdbeerpüree mischen und sehr kalt stellen.

6. Zum Servieren die Cremes mit dem restlichen Zucker bestreuen und mit einem Brenner möglichst schnell karamellisieren. Mit den marinierten Erdbeeren servieren und mit je einem Zweig Zitronenmelisse dekorieren.

Jede Menge Möglichkeiten ...

Das Verhältnis zwischen Sahne und Milch kann variiert werden – die Creme schmeckt sogar nur mit Milch sehr gut. Wenn Sie einen Teil der Sahne durch Crème fraîche ersetzen, gibt das dem Rezept eine frische, leicht säuerliche Note.

Zutaten *für 4 Personen:*

Für die Crème brûlée:	3 Eier	Für die Erdbeeren:
½ Vanilleschote	2 Eigelb	250 g Erdbeeren
300 ml Milch	50 g Zucker	1 EL Orangenlikör
200 ml süße Sahne		1 EL Honig
1 EL Espressokaffeebohnen		5 Zweige Zitronenmelisse

Crème brûlée mit marinierten Erdbeeren

Zutaten *für 4 Personen:*

500 g mehligkochende
   Kartoffeln
1 TL Salz
50 g Mehl
50 g Hartweizengrieß
1 Eigelb

2 EL Zucker
1 Vanilleschote
250 g Erdbeeren
frische Minzblätter

Für den Früchtesud:

50 g Kokosraspel
2 EL Butter
2 EL Honig
1 Dose Ananasstücke
2 EL gehackte Minze

Spargel, Erdbeeren & Rhabarber

Selbst gemachte Gnocchi mit *Erdbeeren*

Zubereitung:

1. Die Kartoffeln waschen und mit dem Salz etwa 20 Minuten in einem geschlossenen Topf kochen. Mit einem spitzen Küchenmesser prüfen, ob sie gar sind. Die abgekühlten Kartoffeln pellen und durch eine Kartoffelpresse drücken.

2. Das gesiebte Mehl, den Grieß, das Eigelb und den Zucker untermischen. Die Vanilleschote der Länge nach aufschneiden, das Mark herauskratzen und der Kartoffelmasse hinzufügen.

3. Den Teig zu kleinen Kugeln formen, mit einer Gabel eindrücken und in reichlich siedendem Wasser so lange garen, bis die Gnocchi an die Oberfläche kommen. Abgießen und mit kaltem Wasser abschrecken.

4. Die Kokosraspel in einer beschichteten Pfanne ohne Fett kurz anrösten. Vorsicht, sie verbrennen schnell! Die Butter in einer Pfanne schmelzen, den Honig hinzufügen und karamellisieren lassen.

5. Die Ananasstücke mit dem Saft dazugeben, erhitzen und die Flüssigkeit etwas einkochen lassen. Die Gnocchi sowie die Kokosraspel untermischen und kurz erhitzen.

6. Die Erdbeeren waschen, putzen und in Scheiben schneiden. Die Gnocchi mit dem Früchtesud auf Tellern verteilen und mit der gehackten Minze bestreuen. Mit den Erdbeerscheiben und Minzblättern dekoriert servieren.

Erdbeer-Karotten-Kuchen mit Mandeln

Zubereitung:

1. Den Backofen auf 180 °C vorheizen und eine Springform mit einem Durchmesser von 26 cm mit Backpapier auslegen.

2. Die Karotten schälen, fein reiben und in einem Sieb abtropfen lassen. Die Eigelbe mit dem Zucker, dem Zuckerrübensirup, Zitronensaft und -schale schaumig rühren und die Karotten untermischen. Das Mehl und das Backpulver durchsieben, mit den Mandeln vermischen und unter den Teig ziehen.

3. Den Teig in die Springform füllen und 35 bis 40 Minuten im vorgeheizten Backofen goldbraun backen. Auf einem Kuchengitter auskühlen lassen.

4. Die Erdbeeren waschen, putzen, je nach Größe halbieren oder vierteln und auf der Kuchenoberfläche verteilen. Den Tortenguss mit dem Zucker und 250 ml Wasser nach Packungsanweisung anrühren und die Erdbeeren damit überziehen.

5. Die Mandelblättchen in einer beschichteten Pfanne ohne Fett kurz anrösten. Vorsicht, sie verbrennen schnell!

6. Die Konfitüre glatt rühren, etwas erwärmen, den Kuchenrand damit bestreichen und die Mandelblättchen andrücken. Den Guss an einem kühlen Ort vollständig fest werden lassen. Den Kuchen zum Schluss mit Marzipankarotten dekorieren.

Zutaten *für ca. 16 Stücke:*

Für den Teig:

300 g Karotten

5 Eigelb

150 g Zucker

2–3 EL Zuckerrübensirup

Saft und abgeriebene Schale
  von 1 unbehandelten Zitrone

150 g Mehl

2 TL Backpulver

200 g gemahlene Mandeln

Für den Belag und die Dekoration:

500 g Erdbeeren

1 Päckchen Tortenguss

2 EL Zucker

50 g Mandelblättchen

2–3 EL Erdbeerkonfitüre

kleine Marzipankarotten

Erdbeer-Karotten-Kuchen mit Mandeln

Biskuit-Sahne-Rolle
mit *Erdbeeren*

Zubereitung:

1. Den Backofen auf 180 °C vorheizen.

2. Für den Teig die Eier trennen und die Eigelbe mit dem Zucker schaumig schlagen. Die Eiweiße steif schlagen und unter die Eigelb-Zucker-Masse heben. Das Mehl und das Backpulver durchsieben, mischen und ebenfalls vorsichtig unter die Masse heben.

3. Den Teig auf einem mit Backpapier belegten Blech verteilen und glatt streichen. Ca. 10 bis 12 Minuten im Ofen backen.

4. Den heißen Biskuitboden mit dem Backpapier auf ein sauberes, mit feinem Zucker bestreutes Geschirrtuch stürzen. Das Backpapier mit etwas kaltem Wasser bestreichen und vorsichtig abziehen. Den noch warmen Biskuitboden mithilfe des Geschirrtuches aufrollen und ca. 1 Stunde auskühlen lassen.

5. Für die Füllung die Erdbeeren waschen, putzen und mit dem Zitronensaft sowie 40 g Zucker grob pürieren. 6 Erdbeeren für die Dekoration zurückbehalten.

6. Die Gelatine nach Packungsanweisung in kaltem Wasser einweichen und auflösen.

7. Die Sahne mit dem restlichen Zucker steif schlagen und dabei das Sahnesteif hineinrieseln lassen. Von der Sahne ca. ein Drittel abnehmen und für die Dekoration in einen Spritzbeutel mit Sterntülle füllen. Das Erdbeerpüree und die Gelatine unter die restliche Sahne ziehen.

8. Den Biskuitboden ausrollen, mit der Erdbeer-Sahne-Füllung bestreichen und vorsichtig zusammenrollen. Die zurückbehaltenen Erdbeeren vierteln. Die Biskuitrolle mit Sahnetupfen und den Erdbeervierteln verzieren. Mindestens 2 Stunden kalt stellen und mit Zitronenmelisse dekorieren.

Zutaten *für ca. 12 Stücke:*

Für den Teig:	Für die Füllung:	Außerdem:
3 Eier	300 g Erdbeeren	feiner Zucker
125 g Zucker	1 EL Zitronensaft	frische Zitronenmelisse
125 g Mehl	50 g Zucker	
1 Msp. Backpulver	6 Blatt Gelatine	
	400 ml süße Sahne	
	2 Päckchen Sahnesteif	

Biskuit-Sahne-Rolle mit Erdbeeren

Spargel, Erdbeeren & Rhabarber

Fruchtige Erdbeertorte mit Baiserböden

Zubereitung:

1. Den Backofen auf 200 °C vorheizen.

2. Für den Teig die Butter mit 125 g Zucker und dem Vanillezucker cremig rühren. Die Eier trennen und die Eigelbe einzeln unterschlagen. Das Mehl mit dem Backpulver durchsieben und mit den Haferflocken vermischen. Zusammen mit der Milch unter den Teig rühren.

3. 2 Springformen mit einem Durchmesser von 26 cm einfetten und mit den Haferflocken ausstreuen. Jeweils die Hälfte des Teiges in die Formen streichen und 10 Minuten im Ofen backen.

4. Für das Baiser die Eiweiße steif schlagen und den restlichen Zucker nach und nach unterrühren. Jeweils die Hälfte der Baisermasse auf die warmen Kuchenböden streichen und 15 Minuten bei 170 °C backen. Anschließend weitere 45 Minuten bei 120 °C backen und auskühlen lassen.

5. Für die Füllung die Erdbeeren waschen, putzen und in Scheiben schneiden. Einen der Kuchenböden mit den Erdbeerscheiben belegen.

6. Den Quark, den Mascarpone, den Zucker und den Vanillezucker verrühren und auf den mit Erdbeerscheiben belegten Kuchen streichen. Den zweiten Kuchenboden darauflegen und die Torte 60 Minuten kühl stellen. Kurz vor dem Servieren die Torte mit Puderzucker bestäuben.

Zutaten *für ca. 16 Stücke:*

125 g Butter
325 g Zucker
1 Päckchen Vanillezucker
4 Eier
100 g Mehl
2 TL Backpulver
50 g Instant-Haferflocken
6 EL Milch

Für die Füllung:

500 g Erdbeeren
375 g Magerquark
375 g Mascarpone
75 g Zucker
1 Päckchen Vanillezucker

Außerdem:

Fett für die Formen
Instant-Haferflocken für die
   Formen
Puderzucker

Gut vorbereitet

Bereiten Sie den Boden für den Kuchen besser einen Tag vorher zu. Denn dann hat er zum Belegen genau die richtige Festigkeit.

Erdbeercreme-Muffins mit Minzblättchen

Zutaten *für 12 Stück:*

Für die Muffins:

150 g Zartbitterschokolade
125 g Margarine
225 g Zucker
1 Päckchen Vanillezucker
3 Eier
225 g Mehl
1 TL Backpulver
Salz

Für die Erdbeercreme:

100 g Erdbeeren
1 EL Zucker
375 ml süße Sahne

Zum Verzieren:

50 g Zartbitterschokolade
6 Erdbeeren
1–2 Stiele Minze

Außerdem:

Margarine und Mehl für die Form

Zubereitung:

1. Den Backofen auf 175 °C vorheizen.

2. Für die Muffins die Schokolade grob hacken. Die Margarine und die Schokolade in einem Topf bei schwacher Hitze unter Rühren schmelzen. Von der Herdplatte nehmen und in eine Rührschüssel füllen. Den Zucker, den Vanillezucker, 1 Prise Salz, die Eier, das Mehl und das Backpulver hinzufügen und alles zu einem glatten Teig verrühren.

3. Die 12 Mulden eines Muffinblechs einfetten und mit Mehl ausstreuen. Zu ¾ mit Teig füllen und im vorgeheizten Backofen ca. 25 Minuten backen. Die Muffins aus dem Ofen nehmen und auf einem Kuchengitter auskühlen lassen.

4. Für die Creme die Erdbeeren waschen, mit Küchenkrepp trocken tupfen und mit 1 Esslöffel Zucker fein pürieren. Die Sahne steif schlagen und behutsam unter das Püree heben.

5. Für die Verzierung die Schokolade in einer hitzebeständigen Schüssel über einem warmen Wasserbad schmelzen. Die 6 Erdbeeren zum Verzieren waschen, halbieren, gut zur Hälfte in die Schokolade tauchen und aushärten lassen. Die Minze waschen und trocken schütteln.

6. Die Muffins zweimal waagerecht durchschneiden. Die Creme in einen Spritzbeutel mit großer Lochtülle füllen und einen runden Klecks auf den Muffinboden spritzen. Das Mittelteil daraufsetzen und leicht andrücken. Eine weitere Schicht Creme daraufspritzen und mit dem Muffindeckel abschließen.

7. Einen kleinen Cremetupfer auf den Deckel spritzen. Die Erdbeermuffins mit den Schoko-Erdbeeren und den Minzblättchen verzieren.

Erdbeercreme-Muffins mit Minzblättchen

Grieß-Flammeri mit *Erdbeeren*

Zutaten *für 6 Gläser à 300 ml:*

Für die Soße:

250 g Erdbeeren
3 EL Erdbeerkonfitüre
2 EL Puderzucker
2 Blatt weiße Gelatine

Für den Erdbeersalat:

250 g Erdbeeren
2 EL Puderzucker

Für die Flammeris:

750 ml Milch
80 g Zucker
1 Päckchen Vanillezucker
abgeriebene Schale von
  1 unbehandelten Zitrone
150 g Weichweizengrieß
3 Eier
125 ml Orangensaft
Salz

Zubereitung:

1. Für die Soße die Erdbeeren waschen, putzen und mit der Konfitüre sowie dem Puderzucker pürieren. Die Gelatine nach Packungsanweisung in kaltem Wasser einweichen und auflösen. Etwa 3 Esslöffel von der Soße unter die Gelatine rühren. Anschließend die Gelatine unter die restliche Soße rühren.

2. Für den Salat die Erdbeeren waschen, putzen, in Scheiben schneiden und mit dem Puderzucker marinieren.

3. Die Milch mit dem Zucker, dem Vanillezucker, 1 Prise Salz und der Zitronenschale aufkochen. Den Grieß hineinstreuen und unter Rühren eine Minute kochen. Vom Herd nehmen und 5 Minuten abgedeckt quellen lassen.

4. Die Eier trennen und die Eiweiße steif schlagen. Den Orangensaft mit den Eigelben verrühren und unter den Grieß schlagen. Den Eischnee vorsichtig unterheben.

5. Sechs Gläser kalt ausspülen und jeweils mit 2 bis 3 Esslöffeln Grieß füllen. Abwechselnd etwas Erdbeersalat, Soße und wieder Grieß darauf schichten. Mit einer Schicht Grieß abschließen.

Mini-Windbeutel mit *Erdbeercreme*-Füllung

Zutaten *für 16 Stück:*

40 g weiche Butter
170 g Mehl
4 Eier
200 g Erdbeeren
100 g Erdbeerkonfitüre
150 g Schmand
Salz

Außerdem:

etwas Puderzucker zum Bestäuben

Zubereitung:

1. Den Backofen auf 180 °C vorheizen und ein Backblech mit Backpapier auslegen.

2. 250 ml Wasser mit der Butter und 1 Prise Salz zum Kochen bringen. Das Mehl mit einem Kochlöffel zügig unterrühren, bis sich der Teig als Kloß vom Topfboden löst. Etwas abkühlen lassen und die Eier nacheinander mit den Knethaken unterarbeiten.

3. Den Teig in einen Spritzbeutel mit großer Sterntülle füllen und mit Abstand 16 Rosetten auf ein Backblech spritzen. Im vorgeheizten Backofen auf der zweiten Schiene von unten 15–20 Minuten backen und auskühlen lassen.

4. Die Erdbeeren waschen, putzen und mit der Erdbeerkonfitüre fein pürieren. Den Schmand unterrühren und die Masse in einen Spritzbeutel füllen. Die Windbeutel halbieren, die Erdbeercreme in die unteren Teile füllen, den Deckel aufsetzen und mit Puderzucker bestäubt servieren.

Fruchtig-süßer Erdbeertraum

Zutaten *für 5 Personen:*
500 g Erdbeeren
4 EL Zucker
½ Päckchen Sahnesteif
130 ml süße Sahne
250 g Naturjoghurt
6 EL Nuss-Nougat-Creme
frische Zitronenmelisse

Zubereitung:

1. Die Erdbeeren waschen, putzen und fein würfeln. 5 kleine Erdbeeren für die Dekoration zurückbehalten.

2. Die Hälfte der Erdbeerwürfel mit dem Zucker pürieren. Das Sahnesteif mit 100 ml Sahne steif schlagen. Den Joghurt mit dem Püree sowie den restlichen Erdbeerwürfeln vermischen und die Sahne unterheben. Die Masse in fünf kleine Portionsförmchen füllen und ca. 2 Stunden gefrieren lassen.

3. Die Nuss-Nougat-Creme mit der restlichen Sahne etwas erwärmen und ⅔ davon als Spiegel auf Tellern anrichten. Die Förmchen etwas antauen lassen und den Inhalt daraufstürzen.

4. Die zurückbehaltenen Erdbeeren halbieren und die Teller mit je zwei Hälften sowie etwas Zitronenmelisse dekorieren. Mit einem Teelöffel und der restlichen erwärmten Nuss-Nougat-Creme die Törtchen verzieren.

Eis-Sandwich-Turm mit *Erdbeeren*

Zutaten *für 3 Personen:*

3 runde Eis-Sandwiches
½ Tasse gehackte Mandeln
1 Tasse Erdbeeren
¼ Tasse Schokoladensoße

Zubereitung:

1. Die Eis-Sandwiches in einer flachen Schale in den gehackten Mandeln rollen, bis ihre Seiten vollständig damit bedeckt sind. Die Eis-Sandwiches auf einer kleinen Platte übereinanderstapeln.

2. Die Erdbeeren waschen, putzen, vierteln und auf der Platte sowie dem Sandwich-Turm verteilen.

3. Die Schokoladensoße darübergießen und den Sandwich-Turm sofort servieren.

Wenn etwas übrig bleibt ...

Übrig gebliebene Mandeln können über den fertigen Sandwich-Turm gestreut werden.

Erdbeerdrink

Zutaten *für 1 Glas:*

200 g Erdbeeren
250 ml fettarme Milch
1 EL frische gehackte Minze
½ TL gehackte rote Chilischoten

25 g Haferkleie-Flocken
1 TL Zartbitter-Schokostreusel
frische Minzblätter

Zubereitung:

1. Die Erdbeeren waschen, putzen und mit der Milch pürieren.

2. Die Minze, die Chilischoten und die Haferkleie-Flocken unterrühren. Auf Gläser verteilen und mit den Schokostreuseln
   bestreuen. Mit ein paar Minzblättern dekorieren.

Erdbeer-Frappuccino

Zutaten *für 2 Gläser:*

100 ml süße Sahne
2 Päckchen Vanillezucker
250 g Erdbeeren

25 g Puderzucker
250 g Schmand
2–3 Eiswürfel oder Crushed Ice
6–8 große Marshmallows

Zubereitung:

1. Die Sahne und 1 Päckchen Vanillezucker steif schlagen und
   bis zur Verwendung kalt stellen.

2. Die Erdbeeren waschen, putzen und mit 1 Päckchen Vanillezucker und dem Puderzucker fein pürieren. Den Schmand
   und die Eiswürfel dazugeben und cremig aufschlagen.

3. Die Marshmallows halbieren und mit der Schnittfläche innen
   am Glas „festkleben". Den Frappuccino hineingeben und mit
   Sahnehäubchen toppen.

Erdbeerbowle

Zutaten *für 4 Gläser:*

100 g Karamellsirup
125 ml Zitronensaft
2 unbehandelte Orangen
2 unbehandelte Limetten
250 g Erdbeeren
Mineralwasser zum Auffüllen

Zubereitung:

1. Den Sirup mit 375 ml Wasser sowie dem Zitronensaft gut verrühren und in ein Bowlegefäß gießen.

2. Die Orangen und Limetten in dünne Scheiben oder kleine Stücke schneiden. Die Erdbeeren waschen, putzen und halbieren oder vierteln. Mit den Orangen und Limetten in die Bowle geben und ca. 1 bis 1½ Stunden kalt stellen.

3. Vor dem Servieren die Bowle mit gut gekühltem Mineralwasser auffüllen und auf Gläser verteilen.

Erdbeer-Margarita

Zutaten *für 6 Gläser:*

750 g Erdbeeren
15 cl weißer Tequila
6 EL Puderzucker
Saft von 1 Zitrone
12 EL zerstoßenes Eis

Zubereitung:

1. Die Erdbeeren waschen, putzen und 3 Stück für die Dekoration zurückbehalten. Die restlichen Erdbeeren mit Tequila, Puderzucker und Zitronensaft pürieren.

2. Das Eis auf Gläser verteilen, die Erdbeer-Margarita dazugießen und mit den zurückbehaltenen Erdbeeren dekorieren.

Ratgeber Rhabarber

Geschichte und Herkunft:

Rhabarber wird bereits seit Tausenden von Jahren genutzt. Er stammt aus Ostasien, wo seine Pflanzenteile, vor allem die Wurzeln, für medizinische Zwecke verwendet wurden.

Den Weg nach Europa trat der Rhabarber erst im 18. Jahrhundert an: Über Russland verbreitete er sich rasch bis nach England und in andere europäische Länder. Der erste gewerbsmäßige Anbau in Deutschland fand in Norddeutschland statt, und zwar Mitte des 19. Jahrhunderts. Die Beliebtheit der säuerlichen Stangen stieg stetig an und fand ihren Höhepunkt Mitte des 20. Jahrhunderts, als die Anbaufläche das Vierfache der heutigen Fläche betrug.

In Europa gibt es mehr als 60 verschiedene Rhabarber-Arten.

Sorten und Arten:

Der Gemeine Rhabarber (*Rheum rhabarbarum*) wird meistens als Obst verkauft und verwendet, ist aber ein Knöterichgewächs und gehört somit botanisch gesehen zum Gemüse. Die vielen verschiedenen Sorten unterscheiden sich im Wesentlichen durch die Farbe und den Säuregehalt. Man unterteilt allgemein in rote und grüne Arten:

1. Grüner Rhabarber:

Sorten mit grünem Fruchtfleisch zeichnen sich durch einen säuerlichen Geschmack aus. Sie müssen vor dem Verzehr geschält werden und eignen sich neben Kompott und Kuchen auch sehr gut für pikante Zubereitungen. Die bekanntesten grünen Sorten sind „Goliath" mit mittlerem Säuregehalt und bis zu 90 cm hohen Stielen, „Esta" mit hohem Säuregehalt sowie der mildere „The Sutton".

2. Roter Rhabarber:

Rotfleischige Sorten schmecken weniger säuerlich als grüne und verfügen über eine fruchtig-süße Note. Sie können ungeschält weiterverarbeitet werden und sind ideal für Desserts, Konfitüren oder Säfte. Beliebte rote Sorten sind der Klassiker „Holsteiner Blut", der fruchtig-säuerliche „Red Valentine" und „Frambozen Rood", der wegen seiner Himbeernote auch Himbeer-Rhabarber genannt wird.

Inhaltsstoffe:

Der Rhabarber galt bereits im alten China als Heilpflanze. Damals wurden aus der Wurzel Mittel gegen Verstopfung und sogar gegen die Pest hergestellt. Heute schätzt man vorrangig die Inhaltsstoffe der Stangen. Sie enthalten sehr viel Vitamin C und stärken so die Abwehrkräfte. Die zahlreichen Vitamine der B-Gruppe sind gut für die Schönheit und die Nerven. Für die Verdauung sorgen Ballaststoffe und Natrium, der hohe Kaliumgehalt wirkt entwässernd. Schließlich ist Rhabarber auch figurfreundlich, da er nur 14 Kilokalorien pro 100 Gramm enthält.

Nach dem Verzehr von Rhabarber spürt man meist ein pelziges Gefühl auf Zähnen und Zunge, wofür die Oxalsäure verantwortlich ist. Sie ist in großen Mengen in den Blättern enthalten, weshalb man diese auf keinen Fall verwenden sollte. In den Stangen ist der Oxalsäuregehalt niedriger, vor allem, wenn sie jung geerntet werden. Oxalsäure ist in größeren Mengen schädlich, wird aber bei mäßigem Verzehr von gesunden Menschen gut vertragen. Dennoch sollte man darauf achten, keine älteren, nach Ende Juni geernteten Stangen zu verwenden, da der Oxalsäuregehalt mit zunehmendem Alter ansteigt. Auch durch Schälen und Kochen reduziert sich der Gehalt.

Anbau und Ernte:

Rhabarber ist ein Saisongemüse. Er wird von Anfang April bis Ende Juni geerntet – traditionell ist der 24. Juni der Stichtag, an dem die Ernte endet. Danach sollte man darauf verzichten, da dann der Gehalt an Oxalsäure zu hoch ist und die Stangen somit gesundheitsschädlich sind. Während der Saison erhält man Rhabarber im Handel, auf dem Markt oder erntet ihn im eigenen Garten. Wer die mehrjährige Staude selbst anbauen möchte, sollte auf humusreichen Boden, ausreichend Feuchtigkeit und einen sonnigen Standort achten. Ansonsten ist der Anbau problemlos und beschert in der Regel eine reiche Ernte. Nach der Erntezeit dürfen die Blätter nicht entfernt werden, da das Rhizom sie im Herbst einzieht.

Einkaufen:

Wer den Saisonbeginn nicht abwarten möchte, kann bereits ab März im Supermarkt Rhabarber aus dem Gewächshaus kaufen. Wenn dann ab April die Freilandware auf dem Markt ist, findet man beim Gemüsehändler und auf dem Wochenmarkt meist auch unterschiedliche Sorten. Frischen Rhabarber erkennt man daran, dass die Stangen fest und glänzend sind. Die Schnittstellen sollten saftig und noch nicht ausgetrocknet sein. Auch die Dicke der Stangen spielt eine Rolle – je dünner, umso zarter. Dicke Stangen sind in der Regel sehr faserig.

Rhabarber in der Küche:

Aufbewahrung:

Frischer Rhabarber kann im Gemüsefach des Kühlschranks bis zu einer Woche aufbewahrt werden. Dafür sollte er in ein feuchtes Küchenhandtuch gewickelt werden. Die Lagerung neben anderen Obstsorten ist nicht empfehlenswert, da er dann schneller welk wird. Auch mit Alufolie oder Metall sollte er nicht in Berührung kommen, um Reaktionen mit der im Rhabarber enthaltenen Oxalsäure zu vermeiden.

Einfrieren:

Vor allem Gartenbesitzer haben zur Erntezeit häufig große Mengen Rhabarber zur Verfügung, die nicht frisch verarbeitet werden können. Sich dann einen Vorrat in der Tiefkühltruhe anzulegen, ist eine gute Lösung. Sie können die Stangen nämlich problemlos einfrieren, um sie dann außerhalb der Saison zu genießen.

Die Vorbereitungsarbeiten hierfür sind schnell getan: Einfach den Rhabarber putzen und je nach Dicke und Sorte schälen. Dann die Stangen in kleine Stücke schneiden. Das weitere Vorgehen wird dadurch bestimmt, ob man später einzelne Stücke entnehmen oder einen ganzen Beutel weiterverarbeiten möchte.

Um einzelne Stücke zu entnehmen, ist es nötig, die Stücke auf einem Tablett oder Brett auszubreiten, zwei bis drei Stunden vorzufrieren und anschließend in Gefrierbeutel oder -dosen zu füllen. Möchte man eine größere Menge weiterverarbeiten, kann man die Stücke nach dem Schneiden direkt in die Gefrierbehälter füllen und einfrieren. Es ist wichtig, bei den Gefrierbehältern auf gute Qualität zu achten, um Gefrierbrand zu vermeiden. Eingefroren ist der Rhabarber ca. ein Jahr haltbar.

Entsaften:

Eine weitere Möglichkeit, große Rhabarbermengen zu verarbeiten, ist das Entsaften. Den gewonnenen Saft kann man entweder pur oder verdünnt genießen – oder als Basis zur Weiterverarbeitung zu Gelee oder Sirup verwenden. Er ist mehrere Monate haltbar.

Rhabarbersaft

Zutaten:
3 kg Rhabarber
300 g Zucker

Zubereitung:

1. Den Rhabarber putzen, evtl. schälen und waschen. In kleine Stücke schneiden und zusammen mit dem Zucker in den Dampfentsafter geben. Zum Kochen bringen.

2. Den fertigen Saft in saubere, heiß ausgekochte und gut verschließbare Flaschen füllen und noch heiß verschließen.

Tipp:

Das Rezept kann proportional abgeändert werden, wobei gilt: pro kg Rhabarber 100 g Zucker.

Rhabarber- marmelade

Zubereitung:

1. Den Rhabarber waschen, putzen und in kleine Stücke schneiden. In einem Topf mit dem Zucker vermischen und mindestens 6 Stunden ziehen lassen. Das Mark der Vanilleschote herauskratzen und dazugeben.

2. Den Rhabarber aufkochen und mit dem Pürierstab pürieren. Unter ständigem Rühren ca. 5 Minuten kochen lassen und die Gelierprobe machen. Die Marmelade noch heiß in sterilisierte Gläser füllen, diese sofort verschließen und abkühlen lassen.

Zutaten *für 4 Gläser à 300 ml:*
1 kg Rhabarber
1 kg Gelierzucker 1:1
1 Vanilleschote

Rhabarbersirup

Zutaten *für 4 Flaschen à 300 ml:*
500 g Rhabarber
2 EL Vanillezucker
250 g Zucker

Zubereitung:

1. Den Rhabarber waschen, putzen und in kleine Stücke schneiden. Die Rhabarberstücke in 300 ml leicht siedendes Wasser geben und 15 Minuten kochen.

2. Das Mus durch ein feines Sieb passieren und die Flüssigkeit auffangen. Den Saft mit dem Zucker und dem Vanillezucker in einen Kochtopf geben und 10 Minuten leicht köcheln lassen. Den Sirup noch heiß in sterilisierte Flaschen füllen.

Rhabarberkompott

Zutaten *für 4 Gläser à 300 ml:*

1 kg Rhabarber
200 g Zucker
1 Päckchen Vanillezucker

Wandeln Sie das Rezept ab:

Ersetzen Sie die im Rezept angegebene Wassermenge z. B. durch Orangensaft, Weißwein oder Rosé. Oder fügen Sie echte Vanille, Zimtstangen oder Zitronenmelisse hinzu.

Zubereitung:

1. Den Rhabarber waschen, putzen und in etwa 1 cm lange Stücke schneiden.

2. Die Rhabarberstücke in einen Kochtopf geben. Den Zucker und den Vanillezucker dazugeben und gut verrühren.

3. 250 ml Wasser angießen und alles zum Kochen bringen. Etwa 5 Minuten köcheln lassen.

4. Das Kompott noch heiß in sterilisierte Gläser füllen, diese sofort verschließen und abkühlen lassen.

Rhabarbersüppchen

Zutaten *für 4 Personen:*

Für die Suppe:

1 unbehandelte Zitrone
750 g Rhabarber
500 ml Apfelsaft
3–4 EL Zucker
1 Zimtstange
nach Belieben Honig oder
   Agavendicksaft

Für die Knödel:

1 Packung Mini-Kartoffel-Knödel
6 EL Zucker
2 EL gehackte Pistazien
Salz

Zubereitung:

1. Die Zitrone waschen, trocken reiben und ein Stück Schale spiralförmig abschälen. Die restliche Zitrone auspressen. Den Rhabarber putzen und in Stücke schneiden. Den Zitronensaft, den Apfelsaft, den Zucker und die Zimtstange in einem Topf aufkochen.

2. Den Rhabarber dazugeben und sanft köcheln lassen. Etwas Rhabarber herausnehmen, bevor die Stangen zu zerfallen beginnen. Die Suppe je nach Geschmack mit etwas Honig oder Agavendicksaft nachsüßen.

3. Reichlich leicht gesalzenes Wasser in einem Topf aufkochen, die Knödel darin nach Packungsanleitung erhitzen, abgießen und abtropfen lassen. Den Zucker und 1 Esslöffel Wasser in eine Pfanne geben, bei mittlerer Hitze schmelzen und karamellisieren lassen. Die Knödel und 3 Esslöffel Wasser dazugeben und darin schwenken.

4. Das Rhabarbersüppchen warm oder gekühlt als Kaltschale mit den karamellisierten Klößchen, Rhabarberstückchen und gehackten Pistazien anrichten.

Rhabarber-Erdbeer-Kompott mit Vanilleeis

Zutaten *für 4 Personen:*

Für das Kompott:

400 g Rhabarber

400 g Erdbeeren

100 ml Orangensaft

1 EL Speisestärke

einige Mandelblättchen

etwas Zitronenmelisse

Für das Eis:

4 Kugeln Vanilleeis

fertige Schokoladensoße

Zubereitung:

1. Den Rhabarber putzen und in 2–3 cm lange Stücke schneiden. Die Erdbeeren waschen, putzen und vierteln.

2. In einem Topf die Rhabarberstücke mit dem Orangensaft erhitzen und ca. 10 Minuten dünsten. Nach 6 Minuten die Erdbeerstücke hinzufügen. Die Speisestärke mit etwas Wasser glatt rühren und unter Rühren zu dem Rhabarber geben. So lange weiterrühren, bis die Masse andickt.

3. Auf vier Schälchen verteilen und mit Mandelblättchen bestreuen. Die Eiskugeln dazugeben, mit der Schokoladensoße dekorieren und mit Zitronenmelisse bestreuen.

Zutaten *für 1 Kuchen:*

Für den Teig:
350 g Mehl
1 Päckchen Trockenhefe
100 g Zucker
100 ml lauwarme Milch

1 TL abgeriebene
Schale von 1 un-
behandelten Zitrone
4 Eier

Für den Belag:
1,2 kg Rhabarber
200 g Gelierzucker 2:1
50 g Mandelblättchen
1 EL Quittengelee

400 ml süße Sahne
1 Päckchen Sahnesteif

Außerdem:
Fett für die Form

Spargel, Erdbeeren & Rhabarber

Rhabarber-Mandel-Kuchen

Zubereitung:

1. Das Mehl sieben, eine Mulde formen und die Trockenhefe hineingeben. Mit einer Prise Zucker, ca. 4 Esslöffel der warmen Milch und etwas Mehl vom Rand verrühren. Zugedeckt an einem warmen Ort ca. 15 Minuten gehen lassen.

2. Die übrige Milch mit den restlichen Zutaten zum Teig geben und mit dem Knethaken durchkneten, sodass ein gleichmäßiger weicher Teig entsteht. Erneut ca. 30 Minuten gehen lassen.

3. Den Backofen auf 180 °C vorheizen.

4. Den Rhabarber waschen, putzen und in große Stücke schneiden, da bei kleinen Stücken zu viel Saft austritt. Die Stangen in Gelierzucker wenden. Eine Springform einfetten und den Boden mit dem Rhabarber belegen. (Achtung: Der Kuchen wird gestürzt, die schöne Seite des Rhabarbers sollte also oben liegen.) Den Rand der Springform mit Rhabarberstücken auskleiden und den restlichen Gelierzucker darüberstreuen.

5. Den Teig sofort in die Form geben und im vorgeheizten Backofen 25–30 Minuten backen. Den Kuchen nicht stehen lassen, da der Rhabarber Wasser zieht. Nach dem Backen etwas auskühlen lassen, stürzen und die Form entfernen.

6. Die Mandelblättchen in einer beschichteten Pfanne leicht anrösten. Das Gelee glatt rühren, den Rand des Kuchens damit bepinseln und die Mandeln daran festdrücken. Die restlichen Mandeln auf der Mitte des Kuchens verteilen.

7. Die Sahne mit dem Sahnesteif steif schlagen und den Kuchen damit verzieren. Die restliche Sahne zum Kuchen reichen oder als Kaffeesahne verwenden.

Rhabarber-Erdbeer-Kuchen

Zubereitung:

1. Für den Rhabarber-Erdbeer-Kuchen das Mehl, die Margarine in kleinen Flocken, 75 g des Zuckers, 1 Ei und 1 Prise Salz zuerst mit den Knethaken des Handrührers und dann mit den Händen zu einem glatten Teig verkneten.

2. Eine Tarte- oder Springform (Ø 26 cm) einfetten. Den Teig in die Form hineindrücken, dabei einen 2–3 cm hohen Rand formen. Den Teig in der Form bis zur weiteren Verwendung kalt stellen.

3. Den Rhabarber putzen, schälen, die Stangen in 3–4 cm lange Stücke schneiden und dabei entstehende Fäden abziehen. Die Erdbeeren waschen, putzen und halbieren.

4. Den Backofen auf 180 °C vorheizen. Mit einer Gabel mehrmals den Teigboden einstechen und mit den Rhabarberstücken belegen. Die Tarte im unteren Ofendrittel zunächst 10 Minuten backen.

5. Die restlichen Eier mit dem restlichen Zucker und der Orangenschale hell-cremig aufschlagen. Die Sahne und die Speisestärke unterschlagen. Die Erdbeeren nach 10 Minuten Backzeit zum Rhabarber in die Form geben und die Sahne-Eier-Mischung darübergießen.

6. Den Rhabarber-Erdbeer-Kuchen weitere 40–50 Minuten backen. Etwas abkühlen lassen und dann zum Auskühlen in den Kühlschrank stellen.

Das passt dazu ...

Verrühren Sie einen Becher saure Sahne mit 1 Päckchen Vanillezucker und servieren Sie die Creme zum Rhabarber-Erdbeer-Kuchen.

Zutaten *für 16 Stücke:*

250 g Mehl	300 g Rhabarber	250 ml süße Sahne
125 g Margarine	250 g Erdbeeren	2 EL Speisestärke
150 g Zucker	1 EL abgeriebene	Salz
4 Eier	Orangenschale	Fett für die Form

Rhabarber-Erdbeer-Kuchen

*Rhabarber*kuchen vom Blech

Zutaten *für 4 Personen:*

750 g Rhabarber
300 g weiche Butter
300 g Zucker
5 Eier
600 g Mehl
1 Päckchen Backpulver
150 ml Milch

Außerdem:

evtl. Fett für das Backblech
Puderzucker zum Bestäuben

Zubereitung:

1. Den Backofen auf 180 °C vorheizen.

2. Den Rhabarber waschen, schälen und in kleine Stücke schneiden.

3. Die Butter mit dem Zucker verrühren. Nach und nach die Eier hinzufügen und alles schaumig schlagen. Das Mehl mit dem Backpulver vermischen und nach und nach unterrühren. Dabei so viel Milch zugeben, dass ein geschmeidiger Teig entsteht, der schwer vom Löffel reißt.

4. Den Rhabarber unter den Teig mischen. Das Backblech einfetten oder mit Backpapier auslegen und den Teig darauf verstreichen. Auf der mittleren Schiebeleiste ca. 40 Minuten backen.

5. Nach dem Abkühlen den Kuchen mit Puderzucker bestäuben und in Stücke geschnitten servieren.

Rhabarbergrütze mit Pistazien-Topping

Zutaten *für 4 Personen:*

Für die Grütze:

100 g Rhabarber
100 g Erdbeeren
200 ml Kirschsaft
20 g Zucker
1–2 EL Sago

Für das Topping:

50 g gehackte Pistazienkerne
250 g Schmand
50 g Magerquark
1 Päckchen Vanillezucker
1–2 TL Ahornsirup

Zubereitung:

1. Den Rhabarber waschen, schälen und in ca. 2 cm große Stücke schneiden. Die Erdbeeren waschen, putzen und halbieren.

2. 100 ml Wasser, den Kirschsaft, den Zucker und den Sago langsam unter Rühren erhitzen. Ca. 15 Minuten bei geringer Hitze kochen und dann etwas abkühlen lassen. Die Rhabarbergrütze in mit kaltem Wasser ausgespülte Gläser geben und im Kühlschrank ca. 1 Stunde kalt stellen.

3. Zwei Drittel der Pistazien mit dem Schmand und dem Magerquark verrühren. Den Vanillezucker und den Ahornsirup dazugeben. Die Rhabarbergrütze mit dem Pistazien-Topping anrichten und mit den restlichen Pistazien bestreut servieren.

Paprika-Rhabarber-Suppe

Zutaten *für 4 Personen:*

1 kg rote Paprikaschoten

200 g roter Rhabarber

2 Zwiebeln

ca. 30 g frischer Ingwer

2–3 EL Pflanzenöl

600 ml Gemüsebrühe

geröstetes Weißbrot

etwas Petersilie

Salz, Pfeffer

Zubereitung:

1. Die Paprikaschoten waschen, putzen und in Streifen schneiden. Den Rhabarber waschen und in 2–3 cm große Stücke schneiden. Die Zwiebeln abziehen und fein hacken. Den Ingwer schälen und ebenfalls fein hacken.

2. In einem Topf das Öl erhitzen und die Zwiebel- und Ingwerstücke darin andünsten. Den Paprika und den Rhabarber hinzugeben und kurz mitdünsten. Die heiße Gemüsebrühe angießen und alles ca. 20 Minuten köcheln lassen.

3. Die Suppe pürieren und mit Salz und Pfeffer abschmecken. Mit geröstetem Weißbrot und Petersilie bestreut servieren.

Putenspieße mit Rhabarber-Chutney

Zubereitung:

1. Für das Chutney den Rhabarber waschen, putzen und in kleine Stücke schneiden. Die Zwiebeln abziehen und klein schneiden. Den Ingwer schälen und fein würfeln.

2. In einem Topf das Öl erhitzen und die Zwiebel- und Ingwerwürfel kurz andünsten. Den Rohrzucker dazugeben und unter Rühren leicht karamellisieren lassen.

3. Den Rhabarber, den Essig und die Senfkörner unterrühren und alles ca. 20 Minuten leicht dicklich einkochen lassen. Mit Chili, Zimt, Salz und Pfeffer würzen.

4. Für die Putenspieße das Putenbrustfilet in Würfel schneiden und auf Spieße stecken. Die Spieße mit Salz und Pfeffer würzen und mit Sweet-Chili-Soße bestreichen. In einer Grillpfanne oder auf dem Grill einige Minuten braten, dabei mehrmals wenden.

5. Das Chutney mit etwas Dill bestreut zu den Geflügelspießen servieren.

Für den Vorrat ...

Das Rhabarber-Chutney lässt sich auch sehr gut konservieren: Füllen Sie das heiße Chutney sofort in sterilisierte Gläser und verschließen Sie diese gut. Dann hält sich das Chutney ca. 4 Wochen.

Zutaten *für 4 Personen:*

Für die Spieße:
500 g Putenbrustfilet
Sweet-Chili-Soße
Salz, Pfeffer

Für das Chutney:
750 g roter Rhabarber
2 rote Zwiebeln
1 walnussgroßes Stück Ingwer
2 EL Pflanzenöl
250 g brauner Rohrzucker
200 ml Essig
einige Senfkörner
1 Msp. Chilipulver
1 Msp. Zimt
einige Dillzweige
Salz, Pfeffer

Register

© 2017 design cat GmbH

Genehmigte Lizenzausgabe
EDITION XXL GmbH
Industriestraße 19
64407 Fränkisch-Crumbach 2017
www.edition-xxl.de

Idee und Projektleitung: Sonja Sammüller
Layout, Satz und Umschlaggestaltung:
design cat GmbH

ISBN 978-3-89736-196-6

Bild- und Textnachweis

Wir danken folgenden Firmen für ihre freundliche
Unterstützung:

Almond Board of California 26–27, 63
Aurora 40–41, 60
Fisch-Informationszentrum (FIZ) e. V.,
Hamburg 32–33
Ketchum GmbH, München
– Bergader Privatkäserei 28–29
Landesvereinigung der Bayerischen Milchwirtschaft 20
Maggi Kochstudio 24–25, 64–65
Peter Kölln KGaA, Elmshorn 12, 56–57
The Food Professionals Köhnen AG, Sprockhövel
– Goldpuder 50–51, 54–55
– Grafschafter 52–53, 65
– Henglein 18–19, 22–23
– Nutella 62
– Original Wein's 10, 21, 34–35
– Ostmann 9, 14–17
– Rügenwalder 38–39
Toppits® 5

Unilever Deutschland GmbH, Hamburg
– Bertolli 11
– Du darfst 61
– Knorr 8, 36, 44
– Pfanni 47, 70
– Rama 13
– Rama Cremefine 45–46, 58–59, 64, 74–75, 77

Shutterstock:
Africa Studio 24, 48–49; Ahanov Michael 43, 67;
Andrjuss 52; Baloncici 67; blackboard1965 4; Brent
Hofacker 4, 66; Christian Jung 68; Craig Russell
66; Dani Vincek 4; Diana Taliun 66; DUSAN ZIDAR
5; hlphoto 6; KariDesign 68; Kati Molin 67; Kjetil
Kolbjornsrud 57; LianeM 3; Lulu Durand 30; matka_
Wariatka 4; Maxsol 22; Michelle Patrick 67; Miriam
Doerr Martin Frommherz 6; Oksana Shufrych 42; Pattie
Steib 42; pearl7 79; Peter Hansen 5; Peter Zijlstra 66;
plprod 5; Rafa Irusta 43; Sklep Spozywczy 6; tkemot
42; unverdorben jr 58; Valentyn Volkov 42, 66; William
Berry 78

Alle weiteren Fotos: design cat GmbH